V&R

Dienst am Wort

Die Reihe für Gottesdienst und Gemeindearbeit

75

Zitate zum Kirchenjahr

Verlag Vandenhoeck & Ruprecht
in Göttingen

Zitate zum Kirchenjahr

Eine Sammlung für die praktische Auslegung

Band 1: Advent bis Christi Himmelfahrt

Herausgegeben von
Hans-Helmar Auel
Hildegard Hamdorf-Ruddies
Manfred Josuttis
Hans-Dieter Stolze

Verlag Vandenhoeck & Ruprecht
in Göttingen

Die Deutsche Bibliothek – CIP-Einheitsaufnahme

Zitate zum Kirchenjahr: eine Sammlung für die praktische Auslegung / hrsg. von Hans-Helmar Auel … – Göttingen: Vandenhoeck und Ruprecht
NE: Auel, Hans-Helmar [Hrsg.]
Bd. 1 Advent bis Christi Himmelfahrt. – 1996
(Dienst am Wort; 75)
ISBN 3-525-59339-2
NE: GT

Satz: Grohs, Landolfshausen.
Druck und Bindearbeit: Hubert & Co., Göttingen.

Inhalt

Vorwort

Geschichten, Gedichte, Sprichwörter, Aphorismen, Sprachelemente aus verschiedenen Zeiten, Kulturen, Literaturgattungen sind hier zusammengetragen, kritisch geprüft und zum kreativen Gebrauch vorgelegt. Der Herausgeberkreis hofft, daß die Zitate für Predigten und Ansprachen Anstöße geben, zum Widerspruch reizen, helfen, Dinge auf den Punkt zu bringen.

M. Josuttis' Einleitung über die „Kunst des Zitierens“ macht deutlich, daß es beim Zitieren nicht um den Gebrauch von Versatzstücken geht, nicht darum, der Faulheit der Predigenden entgegenzukommen. Zitate sind auch mehr als der Beweis, wie gebildet die Predigerin und der Prediger sind. Zitate sind in „Ansprache und Predigt nur hilfreich, solange sie dem Leben leidender und suchender Menschen dienen“ (S. 11).

Die Zitate sind dem Kirchenjahr zugeordnet. Für jeden Sonn- und Feiertag gibt es 6–12 Zitate, die zu den Perikopentexten des jeweiligen Tages passen; diese Texte nach der Lese- und Predigttextordnung werden als bekannt vorausgesetzt (sie sind u.a. im Pfarrer-Kalender oder Kirchlichen Taschenkalender nachzuschlagen).

Den Herausgebern war es wichtig, auch kaum noch beachtete und gefeierte Feste wie Michaelistag und Johannistag mit aufzunehmen, um auf diese Weise dem Vergessen dieser Feste entgegenzuwirken.

Hinweise

Zu den einzelnen Zitaten finden Sie neben Autor/in, Quelle und Copyright in kursiver Schreibweise einen Hinweis auf weitere Bibeltexte, die nicht diesem Sonntag zugeordnet sind. Nur sie werden im Bibelstellenregister aufgeführt.

Sammler/innen

In Anzeigen in den „Göttinger Predigtmeditationen" und „Homiletischen Monatsheften" hatten Verlag und Herausgeber Interessierte aufgerufen, an diesem Band mitzuarbeiten und Textsammlungen zu schicken. Diese Aktion war erfolgreich. Bei einigen Pfarrerinnen und Pfarrern lagen große Schätze an Zitaten und Geschichten. Allen, die reagiert haben, gilt der Dank des Verlags und der Herausgeber.

Besonders genannt seien an dieser Stelle:
Frau Dr. Gundula Hiller, Ebertsheim
Herr Pfarrer Helmut Ballis, Rothenburg o.d. Tauber
Herr Pastor Reinhold von Hören (†), früher Detmold
Herr Dr. Wolfgang Schulz, Gleichen

sowie
Herr Pastor Burgert Brand, Windhoek (Namibia)
Herr Pastor P. M. Wiegandt, Nordstemmen
Herr Pfarrer Wilhelm Fröhlich, Höxter.

Herr Heinz-Martin Krauß, Bremen schickte von ihm übersetzte Texte von weniger bekannten südamerikanischen Autoren.

Die emeritierten Praktischen Theologen Professor Dr. Werner Jetter, Tübingen und Professor Dr. Rudolf Bohren, Heidelberg, öffneten ihre umfangreichen Karteikästen mit Zitaten, gewährten Einblicke und gaben manch weiterführenden Hinweis.

Quellen

Bei einer solchen Sammlung und so vielen Sammlerinnen und Sammlern erweist es sich nicht immer als leicht, die genaue Quelle der Zitate zu ermitteln. Deshalb fehlen – trotz detektivischer Anstrengung – bei einigen Zitaten genauere Quellenangaben. Dafür bittet der Verlag um Nachsicht; er dankt gleichzeitig den Verlagen für die (z. T. kostenfreie) Genehmigung zum Abdruck. Sollten Leserinnen oder Leser mehr über die Herkunft wissen, bitten die Herausgeber um einen Hinweis an den Verlag.

Neben den Bänden von *Martin Buber* (Werke, 3. Band: Schriften zum Chassidismus, Kösel-Verlag / Verlag Lambert Schneider) sowie dem Band *Milton / Spurgeon* (Näheres dazu im 2. Band) wurden vor allem herangezogen:

Weisung der Väter. Apophthegmata, auch Gerontikon oder Alphabeticum genannt. Einleitung: Wilhelm Nyssen. Übersetzung: Bonifaz Miller, 3. unveränderte Auflage 1986. In: Sophia, Band 6: Weisung der Väter. Paulinus-Verlag Trier.

Reclams Zitaten-Lexikon. Von Johannes John. Philipp Reclam jun., Stuttgart 1992.

Angelus Silesius, Der Cherubinische Wandersmann (lieferbar in mehreren Ausgaben; leider war nicht immer eine genaue Zuordnung möglich).

*

Die Herausgeber danken sehr herzlich Herrn Dr. Wolfgang Schulz, dem Lektor des Verlags Vandenhoeck und Ruprecht für die erneute kompetente und intensive Zusammenarbeit.

Über die Kunst des Zitierens

„Es gibt für mich keine Zitate, sondern die wenigen Stellen, die sind für mich das Leben. Und es sind keine Sätze, die ich zitiere, weil sie mir so sehr gefallen haben, weil sie schön sind oder weil sie bedeutend sind, sondern weil sie mich wirklich erregt haben. Eben wie Leben."[1]

Mit diesen Worten hat Ingeborg Bachmann in einem Interview darauf hingewiesen, daß Zitate mehr sind als Bildungsgüter. Sie entstammen dem gelebten Leben. Und sie befruchten das zu lebende Leben. Deswegen sind Zitate auch in Ansprache und Predigt nur hilfreich, solange sie dem Leben leidender und suchender Menschen dienen.

I.

Das kollektive Gedächtnis, das zu jeder Menschengemeinschaft gehört, besteht aus einem Schatz von Zitaten. Gebete und Zaubersprüche, Mythen, Märchen und Legenden, Heldenepen und Liebeslieder werden formuliert, rezipiert, erweitert und korrigiert und von Generation zu Generation weitergegeben. Aus dem riesigen Arsenal von gesprochener Sprache werden Sätze und Texte, die von wichtigen Personen stammen und

[1] I. Bachmann, Wir müssen wahre Sätze finden. Gespräche und Interviews, hg. v. Chr. Koschel und I. von Weidenbaum, München 1983, 69.

wichtige Einsichten enthalten, dem Vergessen entrissen, erst durch mündliche Überlieferung, dann auch durch schriftliche Tradition und heute durch ein riesiges Aufgebot von Massenmedien. Alle, die irgendwo auf der Welt das Wort ergreifen, schöpfen, meistens unbewußt, manchmal auch gezielt, aus dem unüberschaubaren Gedächtnis der jeweiligen Gesellschaft. Jede Kultur enthält immer auch eine Schatzkammer von Zitaten, in der Wahrheiten der unterschiedlichsten Art aus der Vergangenheit für die Zukunft aufbewahrt werden. Kostbar sind sie, wenn sie auch in schwierigen Situationen zum Leben anregen.

Abgerufen wird dieses Reservoir durch Situationen und Institutionen, in denen es zur Aktualisierung der Überlieferung kommt. Kirchen und Klöster, Schulen und Theater waren jahrhundertelang exklusive Einrichtungen, in denen das Erbe gepflegt und weitergegeben wurde. Wie produktiv man dabei vorgehen konnte, belegen die großen Feste des Kirchenjahres. Wenn man die biblischen Texte, auf die sich diese Feste beziehen, und die reiche symbolische Ausgestaltung, mit der die Feste noch immer begangen werden, miteinander vergleicht, dann stößt man auf eine Doppelbeziehung. Einerseits sorgen die Feste dafür, daß bestimmte Texte, die deshalb noch immer verlesen werden, im Gedächtnis erhalten bleiben. Auf der anderen Seite scheinen die zitierten Texte so offen, auch so anregend zu wirken, daß sie in immer neuen Inszenierungen aufgeführt werden. Was sich an den Festen zeigt, dürfte für die Predigt, die Ansprache bei jeder Gelegenheit gelten. Zitate werden im Hier und Jetzt aufgerufen und lösen so oder so erregende Wirkungen aus.

Das kollektive Gedächtnis unserer Gesellschaft ist nicht nur durch seinen unüberschaubaren Umfang charakterisiert. Es gehört zu den Kennzeichen unserer

Kultur, daß Traditionen aus höchst unterschiedlichen Epochen, Lebensbereichen und Weltanschauungen auf Vergegenwärtigung und Zustimmung warten. Texte aus der Antike und aus der Moderne, aus Religion und Wissenschaft, aus Politik und Ökonomie ringen um Einfluß. Das gesellschaftliche Leben läßt sich auch als Machtkampf zwischen Zitatenfeldern beschreiben. Und alle Menschen ge-horchen in jedem Augenblick ihres Lebens Parolen, die sie von dieser oder jener Instanz empfangen haben.

Der Gottesdienst der Christengemeinde ist der Ort, an dem die Texte der biblischen Tradition auf jeden Fall zu Gehör kommen wollen. Und zwar nicht nur als unverbindliches rhetorisches Ornament, wie bei Festreden oder Jubiläumsansprachen in der Gesellschaft sonst. Der Gottesdienst ist jener geschützte Raum, in dem die biblische Überlieferung ihre Wirkkraft für die Lebensgestaltung entfaltet. Hier werden Bibelsprüche nicht einfach zitiert, sondern rezitiert, mit jenem Autoritätsanspruch vorgetragen, der ihnen allen anderen möglichen Texten gegenüber in dieser Situation einen Geltungsvorsprung verschafft. Und das Kirchenjahr sorgt in Verbindung mit der Perikopenordnung dafür, daß aus dem Schatz dieses Buches die zentralen Stücke im Kreislauf der Zeit erinnert und also auch verinnerlicht werden.

II.

Für alle, die auf der Kanzel oder bei einem Kasus das Wort ergreifen, erwachsen aus diesen Überlegungen zwei Aufgaben. Sie müssen die Kunst der Rezitation und die Kunst des Zitierens beherrschen. Sie müssen den biblischen Text so zu lesen vermögen, daß er durch sie hindurch den Hörer/innen zu Herzen geht, und sie müssen diesen Text so auszulegen versuchen, daß seine Kraft im Gespräch und im Konflikt mit anderen Stimmen und Stimmungen in der Gesellschaft möglichst deutlich hervortritt.

Die Kunst der Rezitation ist ein Thema für sich, unglaublich wichtig, aber hier nicht auszubreiten. Die Schwierigkeit des Zitierens kann man erfassen, wenn man realisiert, daß jedes Zitat in einer Rede Definitionen in dreifacher Hinsicht enthält. Der/die Redende sagt etwas über sich selber. Er/sie charakterisiert auf diese Weise auch seine Zuhörerschaft. Und er/sie verhält sich positiv oder negativ gegenüber dem Zeitgeist, der das öffentliche Bewußtsein in diesen Momenten prägt.

„Edel sei der Mensch, hilfreich und gut“ – Die Pfarrer, die diesen Goethe-Vers im letzten Jahrhundert auf der Kanzel wiedergegeben haben, haben sich selbst mit diesen Worten als gebildete Bürger vorgestellt. Sie haben bei ihrer Gemeinde vorausgesetzt, daß auch dort die Ideale der bürgerlichen Lebenswelt respektiert wurden. Und sie haben durch die Proklamation dieser Ideale ganz zeitgemäß vielleicht von einer Situation abgelenkt, die durch Proletarierarmut, Bauernsterben und Kinderarbeit gekennzeichnet war. Zitate sprechen also nicht nur durch das, was sie sagen. Sie verraten immer auch etwas über den, der sie verwendet, über sein Bild der Gemeinde und seine Einschätzung der öffentlichen Probleme. Vor allem enthalten sie Hinweise über Werturteile und Zugehörigkeiten. Ob man Brecht oder Benn zitiert, ob man Kirchenväter oder Werbesprüche heranzieht, ob man die Sprache Kanaans pflegt oder den Slang einer Jugend-Clique verwendet, immer bezieht man mit dem Zitat den rezitierten Bibeltext auf eine spezifische Lebenswelt. Mit Hilfe von Zitaten kann die

Heilige Schrift in die unheilige Gegenwart mit ihren Meinungen, Fragen und Widersprüchen hineinzureden beginnen.

III.

Die pastoraltheologischen Probleme im Umgang mit Zitaten ergeben sich daraus, daß jede Ansprache und jede Predigt in Konflikte verwickelt ist. Wenn Prediger / in und Gemeinde von der Macht des Wortes erfaßt werden sollen, dann kann das nur so geschehen, daß die Macht anderer Wörter gebrochen wird. Gegenüber der Autorität der biblischen Zeugen haben alle anderen Zeugnisse ein relatives Gewicht. Und damit auch eine reduzierte Chance auf Selbstdurchsetzung und Anerkennung. Gerade weil die Gewichte so ungleich verteilt sind, kann es in Predigten sehr leicht zum Mißbrauch von zitierten Texten kommen. Sie dienen da zur Darstellung von Belesenheit und Gelehrsamkeit auf seiten des Redners oder der Rednerin. Ihnen wird eine Beglaubigung der biblischen Aussagen zugeschrieben, die die zitierten Autoren von sich aus nie ausgesprochen hätten. Oder sie werden auf eine so simple Weise vom Theologen zurückgewiesen, wie er das gegenüber einem lebendigen Menschen nie versuchen würde. Auch Zitate haben Anspruch auf Respekt. Weil sie den Dialog zwischen Text, Prediger / in und Gemeinde in Anknüpfung und Widerspruch beleben können, sollte man, wenn man sie in die eigene Rede einbaut, ihnen gegenüber dialogfähig bleiben.

Es gibt freilich nicht nur die Gefahr des Mißbrauchs von Zitaten. Es besteht beim Zitieren immer auch die Möglichkeit des Mißlingens. In der harmlosen Form heißt das: Der angeführte Satz bleibt unverständlich.

Der Autor ist fremd, der Zusammenhang unklar, das angesprochene Problem für die Hörer/innen uninteressant. Sehr viel brisanter ist die Situation, wenn das Zitat wirkt, aber anders, als es vom Redenden beabsichtigt ist. Zitate, die sich im kollektiven Gedächtnis erhalten haben, werden ja in irgendeiner Hinsicht Machtträger sein. Deshalb kann es passieren, daß sie den bei den Hörer/innen vorhandenen Zweifel bestätigen, daß sie innere Gefangenschaften befestigen. Gehört wird dann nur das Zitat, und alles, was in der Predigt dagegen noch vorgebracht wird, bleibt gegenüber der Koalition zwischen dem gehörten Wort und der hörenden Gemeinde ohnmächtig. Weil es im Feld der Botschaften keine neutralen Positionen gibt, muß man negative Impulse in der Predigt sorgfältig auswählen und in ihrer Auswirkung möglichst präzis kalkulieren.

Warum kann und warum soll man in der christlichen Rede zitieren? Warum kommt dort nicht nur der biblische Text und nicht nur die Auslegungskunst der ausgebildeten Theolog/innen zur Sprache? Warum können dort die verschiedensten Traditionen aus dem kollektiven Gedächtnis herangezogen werden, Dichter und Denker, Kirchenkritiker, Gottesleugner, Repräsentanten einer fremden Religion?

Die dogmatisch fundierteste Antwort auf diese Fragen hat K. Barth mit seiner „Lichterlehre" gegeben: „Daß Jesus Christus das eine Wort Gottes ist, heißt nicht, daß es nicht – in der Bibel, in der Kirche und in der Welt – auch andere, in ihrer Weise auch bemerkenswerte Worte – andere, in ihrer Weise auch helle Lichter – andere, in ihrer Weise auch reale Offenbarungen gebe. Da sind ja eben die Propheten des Alten und die Apostel des Neuen Testamentes. Da gibt es ja gewiß auch eine Prophetie und einen Apostolat der Kirche. Aber warum sollte es nicht auch weltliche Propheten und Apostel aller Art und aller Größenordnungen geben können? Indem die Bibel das eine Wort Gottes bezeugt, und wenn und sofern die Kirche dieses Zeugnis der Bibel aufnimmt und weitergibt, werden wahrhaftig gewichtige menschliche Worte gesprochen, werden im menschlichen Raum ganz bestimmt leuchtende Lichter aufgesteckt, kommt es zu allerhand großen und kleinen Offenbarungen".[2]

Die Zitate, die in diesen Bänden gesammelt sind, enthalten Kritik und Kommentar, Fragen und Verfremdungen gegenüber den biblischen Texten. Die homiletische Kunst besteht letztlich darin, sie mit ihren erhellenden Formulierungen so aufzugreifen, daß sie dem Licht der Wahrheit, der Erleuchtung der Gemeinde, dem Leben der Menschen dienen. Besonders segensreich hat eine Predigt dann gewirkt, wenn einzelne Sätze daraus ihrerseits zu Zitaten werden. Hörer/innen können mit ihrer Hilfe in kritischen Situationen sich selbst oder anderen Mut zusprechen.

---

2 Die kirchliche Dogmatik IV/3.1, 107.

1. Sonntag im Advent

Am Schauspielhaus des Kasseler Staatstheaters wird jede Abendvorstellung u.a. durch ein großes ausgehängtes Leinentuch angekündigt, darauf sind nur der Name des Autors und der Titel des Stücks enthalten. Als Woody Allens Komödie „GOTT“ aufgeführt wurde, hieß es: „Allen - GOTT“.

Apg 17,22–28a

Das Gesetz macht alle auf erhabene Weise gleich: Es verbietet allen Menschen, unter Brücken zu schlafen und Brot zu stehlen – den Armen ebenso wie den Reichen.

Anatole France (1844–1924), französischer Schriftsteller

Ps 19,8

Bekannt ist, wie Rabbi Hillel auf die Bitte eines Nicht-Juden, ihn das gesamte Gesetz zu lehren in der Zeit, in der er auf einem Bein stehen könne, mit seiner „Goldenen Regel“ antwortete:

„Was Dir unliebsam ist – das tue auch Deinem Nächsten nicht an!“

Mt 7,12

Ein recht Gläubiger kam zum Propheten Elias und fragte ihn: „Wo ist die Hölle, wo ist der Himmel?“ Elias nahm den Fragesteller an der Hand und führte ihn durch dunkle Gassen in einen Palast. Sie betraten einen großen Saal, in dem sich viele Menschen drängten, Arme und Reiche. In der Mitte des Saales stand auf offenem Feuer ein großer Topf von Brot und Suppe. Um den Topf herum drängten sich Menschen, von denen jeder versuchte, sich seinen Teil zu sichern. Der Löffel, den jeder dieser Menschen trug, war so groß wie sie selbst. Nur ganz hinten hatte der Löffel einen hölzernen Griff. Der übrige Löffel war aus Eisen und durch die Suppe glühend heiß. Mit Mühe hoben die Menschen ihren schweren Löffel aus der Suppe. Da dieser aber zu lang war, bekam ihn auch der Stärkste nicht in den Mund. Andere verbrannten sich Arme und Gesicht oder schütteten die Suppe ihrem Nachbarn über die Schulter. Schimpfend gingen sie aufeinander los.

Der Prophet Elias sagte seinem Begleiter: „Das ist die Hölle.“

Dann verließen sie den Saal und wanderten durch finstere Gänge zu einem anderen Saal. In der Mitte des Raumes brodelte wieder ein Kessel mit Suppe. Jeder der Anwesenden hatte wieder einen riesigen Löffel in der Hand, aber die Menschen waren hier zufrieden und wohlgenährt. Jeweils zwei Menschen hatten sich zusammengetan. Einer tauchte den Löffel ein und fütterte den anderen. Wurde einem der Löffel zu schwer, halfen andere, so daß jeder in Ruhe essen konnte. Der Prophet Elias sagte seinem Begleiter: „Das ist der Himmel.“

Quelle unbekannt

Joh 13,34f.

Was hilft aller Sonnenaufgang, wenn wir nicht aufstehen.

Georg Christoph Lichtenberg (1742–1799), Physiker und Schriftsteller

Eph 5,8 b–14

Gott ist allezeit bereit – aber wir sind sehr unbereit.
Gott ist uns nahe, aber wir sind ihm ferne.
Gott ist drinnen, wir sind draußen.
Gott ist in uns heimisch, wir sind Fremde.

Meister Ekkehard (um 1260–1328), Philosoph und Theologe

Jak 4,8

königlich
treten gäste durch unsere tür
königlich wir
mit gartenbeethänden
königlich du
der knirps dem die klinke zu hoch ist
königlicher
der durch verschlossene tür kommt

Kurt Marti (geboren 1921), Theologe und Schriftsteller.
Aus: geduld und revolte. die gedichte am rand.

Joh 20,24–31

Die Zeit ist ein großer Lehrer.
Das Unglück: Sie tötet ihre Schüler.

Buddha (um 560–480 v. Chr.)

Eph 5,16

Im Leben hat man nie die Zeit.

Antoine de Saint-Exupéry (1900–1944), französischer Schriftsteller.
In: Carnets. Darin: Verstand und Sprache

Eph 5,16

So sind die Schicksalswege dieser rauhen Welt:
heute wirst du sanft in den Sattel gehoben,
und morgen
wird dir der Sattel auf die Schultern gelegt.

A. K. Mansur Firdausi (939–1020), persischer Dichter

Mt 23,1–12

2. Sonntag im Advent

Die letzte Stimme, die man hört, bevor die Welt explodiert, wird die Stimme eines Experten sein, der sagt: „Das ist technisch unmöglich!“

Peter Ustinov (geboren 1921), englischer Schauspieler und Regisseur

2. Petr 3,(3–7) 8–13

Genialität ist nichts weiter
als die Fähigkeit, Geduld zu haben.

Georges Louis Leclerc de Buffon (1717–1788), französischer Wissenschaftler

Hebr 12,1

Mensch, wo du Gott um Gnad nicht kannst
mit Worten ehren,
So steh nur stumm vor ihm:
er wird dich schon erhören.

Angelus Silesius

Röm 8,26–30

So mancher meint ein gutes Herz zu haben und hat nur schwache Nerven.

Marie von Ebner-Eschenbach (1830–1916), österreichische Schriftstellerin.
In: Aphorismen

Lk 18,1–8

Als der Krieg zwischen den zwei benachbarten Völkern unvermeidlich war, schickten die Feldherren von beiden Seiten Späher aus, um zu erkunden, wo man am leichtesten in das Nachbarland einfallen könnte. Die Kundschafter kehrten zurück und berichteten auf beiden Seiten dasselbe: Es gebe nur eine Stelle an der Grenze, die sich dafür eigne. Dort aber, sagten sie, wohnt ein braver kleiner Bauer in einem kleinen Haus mit seiner anmutigen Frau. Sie haben einander lieb, und es heißt, sie seien die glücklichsten Menschen auf der Welt. Sie haben ein Kind. Wenn wir nun über sein Grundstück marschieren, dann zerstören wir das Glück. Also kann es keinen Krieg geben. Das sahen die Feldherren ein, und der Krieg unterblieb, wie jeder Mensch begreifen wird.

Aus China

Wir sollen das Glück der Menschen vor groben Stiefeln schützen, vor allem vor den Stiefeln an unseren eigenen Füßen.

Mt 5,9

Hierin liegt ja eine der großen Widersprüchlichkeiten und Unvollkommenheiten unserer Welt, daß reine Hände nicht stark sein, starke aber nicht rein bleiben dürfen.

Werner Bergengruen (1892–1964), deutscher Schriftsteller.
In: Der Grosstyrann und das Gericht, S. 229.

Hebr 12, 12–18 (19–21) 22–26

Schönster aller Zweifel,
wenn die verzagten Geschwächten den Kopf heben
und an die Stärke ihrer Unterdrücker nicht mehr glauben.

Bertolt Brecht (1898–1956), deutscher Schriftsteller.
Aus: Gesammelte Werke.

Lk 1,46–55

Wenn der Baum geschüttelt wird, so fallen die verfaulten Äpfel.

Milton / Spurgeon, Nr. 292

Mt 7, 16–20

Gott liest von Dornen Wein, von Disteln bricht er Feigen,
Wenn er dein sündigs Herz zur Buße kommt zu neigen.

Angelus Silesius

2. Petr 3, (3–7) 8–13

Die Langeweile wartet auf den Tod.

Johann Peter Hebel (1760–1826), deutscher Theologe und Schriftsteller.
In: Verschiedene Gedanken.

Lk 12,35–40

Was meinte Luther mit dem Apfelbaum?
Mir ist es gleich – auch Untergang ist Traum!
Ich stehe hier in meinem Apfelgarten
und kann den Untergang getrost erwarten.
Ich bin in Gott, der außerhalb der Welt
noch manchen Trumpf in seinem Skatblatt hält.
Wenn morgens früh die Welt zu Bruche geht,
ich bleibe ewig sein und sternestet. –
Meinte er das, der alte Biedermann
und blickt noch einmal seine Käthe an
und trinkt noch einmal einen Humpen Bier
und schläft, bis es beginnt, frühmorgens vier –
Dann war er wirklich ein sehr großer Mann,
den man auch heute nur bewundern kann!

Gottfried Benn (1886–1956), deutscher Schriftsteller.
In: Sämtliche Werke. Stuttgarter Ausgabe. In Verb. mit Ilse Benn hrsg. von Gerhard Schuster. Band II: Gedichte 2. Klett-Cotta, Stuttgart 1986

Offb 21,1–5

3. Sonntag im Advent

Mit der Zeit ich kommen bin,
Fall auch mit der Zeit dahin.

Heinrich Albert (1604–1651), deutscher Liederdichter

2. Kor 5,1–10

Wer seine Sinne hat ins Innere gebracht,
Der hört, was man nicht red't, und siehet in der Nacht.

Angelus Silesius

1. Kor 2,9

Meinst du, o armer Mensch, daß deines Munds Geschrei
Der rechte Lobgesang der stillen Gottheit sei?

Angelus Silesius

Am 5,21–24

Jeder Mensch ist ein Mond. Er hat eine dunkle Seite, die er niemandem zeigt.

Mark Twain (1835–1910), nordamerikanischer Schriftsteller

Röm 7,14–25a

Wenn die Rose selbst sich schmückt,
schmückt sie auch den Garten.

Friedrich Rückert (1788–1866), deutscher Schriftsteller.
In: Welt und ich

Mt 6,25–34

Die Blumen, welche in der Erde Garten wachsen, welken in unserer Hand, während wir an ihnen riechen.

Milton / Spurgeon, Nr. 2

Ps 103,15f.

Einige leben vor ihrem Tode, andere nach ihrem Tode. Die meisten Menschen leben aber weder vor noch nach demselben; sie lassen sich gemächlich in die Welt herein- und aus der Welt hinaus vegetieren.

Johann Gottfried Seume (1763–1810), deutscher Schriftsteller.
In: Apokryphen

Eph 5,8b–14

Ein Leopard wird erlegt, und sein Fell wird zu einem Mantel verarbeitet. Der Mantel hing in einem Schaufenster und war mit 1200 Dollar ausgezeichnet. Die übrigen Glieder der Leopardenfamilie blieben auf einem Spaziergang vor dem Schaufenster stehen und sagten, als sie das Fell ihres Vaters wiedererkannten: „Es ging ihm entschieden besser, als er noch kein Millionär war. Jedenfalls war er am Leben."

Quelle unbekannt

Lk 16,19–31

Sehr viele Menschen leben davon, daß die Wahrheit auf Erden so schwer zu finden ist: die Detektive, Rechtsanwälte, Richter, Schriftsteller, Wissenschaftler, Philosophen, Geistliche und viele andere.

Georges Simenon (1902–1989), belgischer Schriftsteller

Joh 8,31–36

Wenn du den Brief kriegst, ist wohl schon der Advent da, eine Zeit, die ich besonders liebe. Weißt du, so eine Gefängniszelle, in der man wacht, hofft, dies und jenes – letztlich Nebensächliche – tut, und in der man ganz darauf angewiesen ist, daß die Tür der Befreiung *von außen* aufgetan wird, ist gar kein so schlechtes Bild für den Advent.

Dietrich Bonhoeffer (1906–1945), deutscher Theologe, an seine Braut Maria von Wedemeyer.
In: „Brautbriefe Zelle 92", C. H. Beck Verlag, München 1992

4. Sonntag im Advent

Ist deine Seele Magd und wie Maria rein,
So muß sie augenblicks von Gotte schwanger sein.

Angelus Silesius

Ps 103

Wer a sagt, der muß nicht b sagen. Er kann auch erkennen, daß a falsch war.

Bertolt Brecht (1898–1956), deutscher Schriftsteller.
In: Der Jasager. Der Neinsager. Darin: Der Neinsager 2.
Aus: Gesammelte Werke.

1. Thess 5,14–24

Die letzte Schlußfolgerung der Vernunft ist,
daß sie einsieht, daß es eine Unzahl von Dingen gibt,
die ihr Fassungsvermögen übersteigen.
Sie ist nur schwach, wenn sie nicht zu dieser Einsicht gelangt.

Blaise Pascal (1623–1662), französischer Philosoph und Wissenschaftler

Ps 139,6

Sie müssen schon mich fragen, nicht sich,
wenn Sie mich verstehen wollen.

J. G. Hamann (1730–1788), deutscher Gelehrter und Schriftsteller, an I. Kant

Ps 139,2

Es ist unglaublich, wieviel Kraft die Seele dem Körper zu leihen vermag.

Wilhelm von Humboldt (1767–1835), deutscher Gelehrter und Staatsmann

Ps 23,3

Ich lese jeden Morgen die Zeitung, und zwar zuerst die Todesanzeigen. Dann freue ich mich so richtig, daß ich noch da bin. Das ist meine ganze Lebensphilosophie.

Ella Fitzgerald (1918–1996), nordamerikanische Jazzsängerin

Röm 14,7–9

Glaube mir, wahre Freude ist eine ernste Sache.
(Mihi crede, verum gaudium res severa est.)

Seneca (um 4 v. Chr. – 65 n. Chr.), römischer Schriftsteller
In: Epistulae morales ad Lucilium. 23. Brief (4)

Ps 126,5

Der Friede Gottes ist nicht Ruhe, sondern treibende Kraft.

Albert Schweitzer (1875–1965), evangelischer Theologe, Musiker und Arzt

Mt 5,9

Christvesper / Christnacht

Als Josef mit Maria auf dem Weg nach Bethlehem war, rief ein Engel die Tiere heimlich zusammen, um einige auszuwählen, der Heiligen Familie im Stalle zu helfen. Als erster meldete sich natürlich der Löwe: „Nur ein König ist würdig, dem Herrn der Welt zu dienen", brüllte er, „ich werde jeden zerreißen, der dem Kinde zu nahe kommt!"

„Du bist mir zu grimmig", sagte der Engel.

Darauf schlich sich der Fuchs näher. Mit unschuldiger Miene meinte er: „Ich werde sie gut versorgen. Für das Gotteskind besorge ich den süßesten Honig und für die Wöchnerin stehle ich jeden Morgen ein Huhn!"

„Du bist mir zu verschlagen", sagte der Engel.

Da stelzte der Pfau heran. Rauschend entfaltete er sein Rad und glänzte in seinem Gefieder. „Ich will den armseligen Schafstall köstlicher schmücken als Salomon seinen Tempel!"

»Du bist mir zu eitel", sagte der Engel.

Es kamen noch viele und priesen ihre Künste an. Vergeblich. Zuletzt blickte der strenge Engel noch einmal suchend um sich und sah Ochs und Esel draußen auf dem Felde dem Bauern dienen. Der Engel rief auch sie heran: „Was habt ihr anzubieten?" „Nichts", sagte der Esel und klappte traurig die Ohren herunter, „wir haben nichts gelernt außer Demut und Geduld. Denn alles andere hat uns immer noch mehr Prügel eingetragen!" Und der Ochse warf schüchtern ein: „Aber vielleicht könnten wir dann und wann mit unseren Schwänzen die Fliegen verscheuchen!"

Da sagte der Engel: „Ihr seid die richtigen!"

Nach einer Geschichte von Heinrich Waggerl (gekürzt).
Aus: W. Hoffsümmer, Kurzgeschichten 2, S. 20–21

Micha 6,8

Das Licht der Herrlichkeit scheint mitten in der Nacht;
Wer kann es sehn? Ein Herz, das Augen hat und wacht.

Angelus Silesius (V, 12)

1. Thess 5,1–6

Vor Gott muß man sich beugen, weil Er so groß ist,
vor einem Kind, weil es so klein ist.

Johann Heinrich Pestalozzi (1746–1827), Schweizer Pädagoge, Schriftsteller und Sozialreformer

Phil 2,5–11

Wo gehen wir denn hin? Immer nach Hause. (Ewigkeit, 233)

Novalis (1772–1801), deutscher Schriftsteller.
In: Ewigkeit, S. 233

Phil 3,20

Es gibt kein Wunder für den, der sich nicht wundern kann.

Marie von Ebner-Eschenbach (1830–1916) österreichische Schriftstellerin.
In: Aphorismen

Mk 7,31–37

„Bitte warten Sie hier!“ sagte ich zu dem Blinden und ließ ihn an einer verkehrsgeschützten Ecke des Großstadtbahnhofs allein. Ich wollte ihm das Gewühl ersparen... Zurückkehrend sah ich ihn schon von weitem stehen, während die Menschen an ihm vorbeihetzten... Er stand ganz still, der Blinde, und auch ich mußte ein paar Augenblicke stehenbleiben. Ich mußte sein Gesicht ansehen. Die Schritte um ihn her und die unbekannten Stimmen und all die Geräusche eines lebhaften Verkehrs, die schienen für ihn keine Bedeutung zu haben. Er wartete. Es war ein ganz geduldiges, vertrauendes und gesammeltes Warten. Es war kein Zweifel auf dem Gesicht, daß ich etwa nicht wiederkommen könnte. Es war ein wunderbarer Schein der Vorfreude darin; er würde bestimmt wieder bei der Hand genommen werden. Ich kam nur langsam los vom Augenblick dieses eindrucksvoll wartenden Gesichtes mit den geschlossenen Lidern; dann wußte ich auf einmal: So müßte eigentlich das Adventsgesicht der Christen aussehen!

Aus: Heinz Schäfer (Hg.), Hört ein Gleichnis, Christliches Verlagshaus Stuttgart, S. 86

Lk 12,35–40

Eine Legende aus dem alten Rußland erzählt vom Mütterchen Babuschka, das sich in einer kalten Winternacht gerade anschickt, ins warme Bett zu schlüpfen, als es heftig an die Tür klopft. Sie hört nicht drauf, und das Klopfen wird lauter. Schließlich öffnet sie einen Spalt breit die Tür. Draußen stehen Hirten, mit roten Nasen und Schnee im Haar. Ihre Bärte sind vereist. Aufgeregt erzählen sie Mütterchen von einem königlichen Kind, das nicht weit entfernt in eben dieser Nacht geboren wurde. „Komm schnell, Babuschka", sagt der ältere, „komm schnell, du kannst mit Kindern umgehen."

Babuschka schüttelt den Kopf. Zu warm ist das Bett, und zu kalt pfeift der Wind durch den Türspalt. „Morgen", sagt das Mütterchen, „wartet bis morgen."

Die Hirten lassen es dabei bewenden und ziehen ab. Kurz darauf klopfen sie wieder an die Tür. Um einen Korb betteln sie, um etwas Fleich oder Brot. Sie wollen es selbst zum Kind bringen. „Morgen", sagt Babuschka.

Am nächsten Tag hält sie tatsächlich ihr Wort. Sie packt einen Beutel mit Nahrung und Geschenken: einen weichen Schal für die Frau, einen silbernen Löffel für den Jungen, Spielzeug und Schachfiguren aus Elfenbein. Aber als sie ankommt, ist der Stall leer. Der Stall ist leer.

Legende aus Rußland.
Aus: W. Hoffsümmer, Kurzgeschichten 2, S. 24

Jak 4,13–17

Gott liebt uns nicht, weil wir so wertvoll sind, sondern wir sind so wertvoll, weil Gott uns liebt.

Helmut Thielicke (1908–1986), deutscher Theologe

Lk 15,11–32

Es war einmal ein frommer Mann. Der wollte schon in diesem Leben in den Himmel kommen. Darum bemühte er sich ständig in den Werken der Frömmigkeit und Selbstverleugnung.

So stieg er auf der Stufenleiter der Vollkommenheit immer höher empor – bis er eines Tages mit seinem Haupte in den Himmel ragte – Aber er war sehr enttäuscht: Der Himmel war dunkel, leer und kalt. – Denn Gott lag auf Erden in einer Krippe!

Martin Luther (1483–1546)

Phil 2,5–11

Beladene Zweige hängen niedrig. Die Nessel ragt über die anderen Kräuter hervor, aber das Veilchen liegt unter den Blättern versteckt und wird nur durch seinen lieblichen Geruch herausgefunden.

Milton / Spurgeon, Nr. 173

Mt 5,13–16

Der Traum ist der beste Beweis dafür, daß wir nicht so fest in unsere Haut eingeschlossen sind, als es scheint.

Friedrich Hebbel (1813–1863), deutscher Schriftsteller

Joel 3,1–5

Christfest I + II

Ein Schüler kam zu einem Rabbi und fragte: „Früher gab es Menschen, die Gott von Angesicht zu Angesicht gesehen haben. Warum gibt es die heute nicht mehr?“ Darauf antwortete der Rabbi: „Weil sich niemand mehr so tief bücken will.“

Jüdische Anekdote

Joh 8,6

Jesus, was hat dich so klein gemacht?
Die Liebe!

Bernhard von Clairvaux (1090–1153), französischer Kirchenlehrer

1. Joh 4,16b–21

Wie einer, der gern eine Tür öffnen will, Schlüssel auf Schlüssel versucht, bis er jeden Schlüssel im Bunde probiert hat, so versucht Gott eine Methode nach der anderen, um auf das Herz des Menschen zu wirken.

Milton / Spurgeon, Nr. 156

Jer 31,33

Wo aber Gefahr ist, wächst
das Rettende auch.

Friedrich Hölderlin (1770–1843) deutscher Schriftsteller.
In: Patmos

Mt 14,22–33

Viel Bücher, viel Beschwer! Wer eines recht gelesen
(Ich meine Jesum Christ), ist ewiglich genesen.

Angelus Silesius

1. Kor 2,2

Der ungewordne Gott wird mitten in der Zeit,
Was er nie ist gewest in aller Ewigkeit.

Angelus Silesius

Joh 1,15–18

Wie eine Henne, wenn sie einen Wurm oder ein Gerstenkorn gefunden, nach ihren Küchlein gluckt, damit sie kommen und es mit ihr teilen mögen; so kann ein Mensch, der Christum kennen gelernt und geschmeckt hat, daß der Herr gnädig ist, sich nicht halten, er ruft seine Freunde und Verwandte, zu kommen und dieselbe Gnade mit ihm zu teilen.

Milton / Spurgeon, Nr. 153

Lk 15,8–10

Wir suchen Dich nicht.
Wir finden Dich nicht.
Du suchst und Du findest uns,
Ewiges Licht.

Wir lieben Dich wenig,
Wir dienen Dir schlecht,
Du liebst und Du dienst uns,
Ewiger Knecht.

Wir eifern im Unserm
Am selbstischen Ort,
Du mußt um uns eifern,
Ewiges Wort.

Wir können Dich, Kind
In der Krippe, nicht fassen.
Wir können die Botschaft nur
Wahr sein lassen

Albrecht Goes (geboren 1908), deutscher Schriftsteller.
In: Lichtschatten du. Gedichte aus fünfzig Jahren.

Joh 8,32

Sicher ist, daß nichts sicher ist.
Selbst das nicht.

Joachim Ringelnatz (1883–1934), deutscher Schriftsteller

Ps 62,3

Ich muß Gott's schwanger sein:
sein Geist
muß ob mir schweben
Und Gott in meiner Seel
wahrhaftig machen leben.

Angelus Silesius

Jes 11,1–9

1. Sonntag nach dem Christfest

Es kommt immer nur darauf an, daß man allerorten die Musik des Lebens hört. Die meisten hören nur die Dissonanzen.

Theodor Fontane (1819–1898), deutscher Schriftsteller

Jes 5,1–7

Am Strande

Heute sah ich wieder dich am Strand
Schaum der Wellen dir zu Füßen trieb
Mit dem Finger grubst du in den Sand
Zeichen ein, von denen keines blieb.

Ganz versunken warst du in dein Spiel
Mit der ewigen Vergänglichkeit,
Welle kam und Stern und Kreis zerfiel
Welle ging und du warst neu bereit.

Lachend hast du dich zu mir gewandt
Ahntest nicht den Schmerz, den ich erfuhr:
Denn die schönste Welle zog zum Strand
Und sie löschte deiner Füße Spur.

Marie Luise Kaschnitz (1901–1974), deutsche Schriftstellerin.

Jes 40,6–8

Alt werden, heißt sehend werden.

Marie von Ebner-Eschenbach (1830–1916), österreichische Schriftstellerin.
In: Aphorismen

1. Mose 18,1–17

Wie ist der Menschen Treiben mir zuwider!
Aus ihrem Frohsinn saug' ich lauter Schmerz.
Vergebens such ich' Trost durch meine Lieder,
denn ach! nicht trösten läßt sich dieses Herz.

Hoffmann v. Fallersleben (1798–1874), deutscher Schriftsteller

Jes 40,1–8(9–11)

Wer die Wahrheit nicht weiß, der ist bloß ein Dummkopf. Aber wer sie weiß und sie eine Lüge nennt, der ist ein Verbrecher.

Bertolt Brecht (1898–1956), deutscher Schriftsteller.
In: Leben des Galilei.

Jak 3,14

Wie Phidias in sein Kunstwerk seinen eignen Namen einschnitt, so ist Gott auf jedem Geschöpfe eingegraben.

Milton / Spurgeon, Nr. 228

1. Mose 1,27; Ps 8,5

Das Alter ist die letzte und größte Übung für das Leben in der kommenden Ewigkeit.

Lilly Zarncke, Das Alter als Aufgabe

Ps 92,15f.

Altjahrsabend

Mensch, die Figur der Welt vergehet mit der Zeit,
Was trotz'st du dann so viel auf ihre Herrlichkeit?

Angelus Silesius

Röm 8,18–23(24–25)

Ins Leben schleicht das Leiden
sich heimlich wie ein Dieb,
wir alle müssen scheiden
von allem, was uns lieb.

Joseph Freiherr von Eichendorff (1788–1857), deutscher Schriftsteller

Ps 126,5f.

Es ist das übliche Schicksal neuer Wahrheiten,
daß sie als Ketzerei beginnen
und als Aberglaube enden.

Thomas Huxley (1825–1895), englischer Zoologe und Anatom in einem Bericht über Charles Darwins „Die Entstehung der Arten"

Joh 18,37f.

Glaube denen, die die Wahrheit suchen,
und zweifle an denen,
die sie gefunden haben.

André Gide (1869–1951), französischer Schriftsteller

1. Joh 3,18

Seltsam, im Nebel zu wandern!
Einsam ist jeder Busch und Stein,
Kein Baum sieht den andern,
Jeder ist allein.

Voll von Freunden war mir die Welt,
Als noch mein Leben licht war;
Nun, da der Nebel fällt,
Ist keiner mehr sichtbar.

Wahrlich, keiner ist weise,
Der nicht das Dunkel kennt,
Das unentrinnbar und leise
Von allen ihn trennt.

Seltsam, im Nebel zu wandern!
Leben ist Einsamsein.
Kein Mensch kennt den andern,
Jeder ist allein.

Hermann Hesse (1877–1962), deutscher Schriftsteller.
Im Nebel. Aus: Die Gedichte.

Ps 68,7

Der Mensch wird nicht für seine Sünden bestraft, sondern durch sie.

Elbert Hubbard

Joh 8,3–11

Nur was wir glauben, wissen wir gewiß.

Wilhelm Busch (1832–1908), deutscher Zeichner und Schriftsteller

Hebr 11,1–3

Gott ist ein Steuereinnehmer, der voll Erbarmen die Steuer aus eigener Tasche bezahlt.

Sigismund von Radecki (1891–1970), deutscher Schriftsteller

Ps 51

Mein sind die Jahre nicht,
die mir die Zeit genommen;
mein sind die Jahre nicht,
die etwa möchten kommen;
der Augenblick ist mein,
und nehm ich den in acht,
so ist der mein,
der Jahr und Ewigkeit gemacht.

Andreas Gryphius (1616–1664), deutscher Schriftsteller

2. Petr 3,(3–7) 8–13

Zwei mal zwei gleich vier ist Wahrheit –
Schade, daß sie leicht und leer ist;
denn ich wollte lieber Klarheit
über das, was voll und schwer ist!

Wilhelm Busch (1832–1908), deutscher Zeichner und Schriftsteller

Joh 3,21

Wir suchen die Wahrheit, finden wollen wir sie aber nur dort, wo es uns beliebt.

Marie von Ebner-Eschenbach (1830–1916), österreichische Schriftstellerin.
In: Aphorismen

Mk 10,17–27

Neujahrstag

Mögest du tausend Jahre leben!

Fluch der Zigeuner

Ps 90,10

Es ist nicht wenig Zeit, die wir zur Verfügung haben, sondern es ist viel Zeit, die wir nicht nutzen.

Seneca (4 v. Chr.–65 n. Chr.), römischer Schriftsteller

Eph 5,16

Alle großen Wahrheiten waren anfangs Blasphemien.

George Bernard Shaw (1856–1950), irischer Schriftsteller

1. Tim 2,1–6a

Was morgen ist, auch wenn es Sorge ist: Ich sage ja!

Wolfgang Borchert (1921–1947), deutscher Schriftsteller

Mt 6,25–34

Was morgen sein wird, frage nicht.

Horaz (65–18 v. Chr.), römischer Schriftsteller
In: Carmina 1,9,13

1. Kor 15,32

Immer noch essen bei uns die Würmer der Angst.

Nelly Sachs (1891–1970), deutsche Schriftstellerin

Die Ängste sind die Unterhaltung des Einsamen.

Johannes Urzidil (1896–1970), tschechischer Schriftsteller

Um ein wenig Mut zu haben,
braucht es immer viel Angst.

Gerold Späth (geboren 1930), Schweizer Schriftsteller

Joh 16,23b–28(29–32)33

Haben sie schon einmal einen Wegweiser gesehen, der selber den Weg geht, den er weist?

Ludwig XV., König von Frankreich (1710–1774), auf den Hinweis eines Kirchenfürsten, daß er der Wegweiser seines Volkes sein müsse und deshalb seinen lockeren Lebensstil einstellen solle.

Lk 24,13–35

Ich sagte dem Engel,
der an der Pforte des neuen Jahres stand:
Gib mir ein Licht,
damit ich sicheren Fußes
der Ungewißheit entgegengehen kann! –
Er aber antwortete:
Geh nur hin in die Dunkelheit
und lege Deine Hand in Gottes Hand,
das ist besser als ein Licht,
und sicherer als ein bekannter Weg!

Aus Indien

Ps 27,1f.

Bedenke auch, Coretta: Heute ist der erste Tag vom Rest deines Lebens!

Amerikanische Nonne

Hebr 3,13

2. Sonntag nach dem Christfest

Man fragte den Altvater Ammonas: „Welches ist der enge und beschwerliche Weg?“ (Mt 7,14). Er antwortete: „Der enge und beschwerliche Weg ist dieser: Seinen Gedanken Gewalt antun und Gottes wegen den eigenen Willen abschneiden. Das ist auch der Sinn des Wortes: Wir haben alles verlassen und sind dir nachgefolgt“ (Mt 19,27).

Aus: Weisung der Väter, Nr. 123

Mt 7,13–16a

Ohne die seelische Unsterblichkeit bleibt dieses Leben ein phantastisches Chaos, die Erde ein unbegreifliches Riesengrab und unser Geborensein in dieser selben Wiege ein Verbrechen, auf welches die Todesstrafe gesetzt ist. Verstanden werden kann das Leben nur werden im Lichte der Ewigkeit und Unsterblichkeit.

Carl Ludwig Schleich, (1859–1922), Arzt.
In: Am Schaltwerk der Gedanken

Ps 126

Was gäb es doch auf Erden,
Wer hielt' den Jammer aus,
Wer möcht geboren werden,
Hieltst Du nicht droben Haus!

Du bists, der, was wir bauen,
Mild über uns zerbricht,
Daß wir den Himmel schauen –
Darum so klage nicht.

Joseph v. Eichendorff (1788–1857), deutscher Schriftsteller

Mt 5,2–10(11–12)

Ich muß Maria sein und Gott aus mir gebären,
Soll er mich ewiglich der Seligkeit gewähren.

Angelus Silesius

Lk 1,26–33(34–37)38

Epiphanias

Wer hätte das vermeint! Aus Finsternis kommt's Licht,
Das Leben aus dem Tod, das Etwas aus dem Nicht.

Angelus Silesius

1. Mose 1,3–5

Der Wein ist stark, der König stärker, die Weiber noch stärker, aber die Wahrheit am allerstärksten.

Martin Luther (1483–1546), Tischreden

Eph 4,22–32

Die Hauptursache, weshalb Menschen die Welt so sehr lieben, ist die, daß sie keine höhere Herrlichkeit kennen. Die Menschen aßen Eicheln, bis sie den Gebrauch des Korns kennen lernten; eine Kerze ist viel, ehe die Sonne aufgeht.

Milton /Spurgeon, Nr. 123

Mt 4,1–11

Die einzige Art, das Leben erträglich zu machen, ist zu lieben und anzubeten, was es zuinnerst beseelt und es lenkt. Es macht den Wert und das Glück des Lebens aus, in etwas Größerem aufzugehen, als man selbst ist.

Teilhard de Chardin (1881–1955) französischer Philosoph und Theologe

2. Kor 5,17

Deine Wahrheit? Nein, die Wahrheit,
und komm mit mir, sie zu suchen.
Die deinige, bewahr sie dir.

Antonio Machado, Antologie Poetice. Proverbios y cantares LXXXV, S. 220. Übersetzung: Heinz-Martin Krauß

Joh 8,32

Wie mit den Lebenszeiten
so ist es auch mit den Tagen
Keiner ist ganz schön,
und jeder hat,
wo nicht sein Plage,
so doch seine Unvollkommenheit.
Aber rechne sie zusammen,
so kommt eine Summe
Freude und Leben heraus.

Friedrich Hölderlin (1770–1843), deutscher Schriftsteller

Joh 1,15–18

Ein Pastor in England will den Schäfer Rolfe dazu bringen, in die Kirche zu kommen, und erhält als Antwort: „Es ist doch völliger Unfug, in die Kirche zu laufen, wenn Sie meine ehrliche Meinung wissen wollen... Engel und so was! Da gibt's den Wind und den Himmel und das Wetter, das ist alles. Der Rest ist für die Dummen."

Der Pastor wurde ärgerlich. „Sie sind kein junger Mann mehr, Rolfe, ... und der Engel des Herrn wird eines Tages kommen und vor Gott Ihre Lebensrechnung aufmachen." „Wenn Sie meinen, daß ich sterben werde, dann stimmt das", sagte der Schäfer.

Leonhard Wibberley (geboren 1915).
Aus: Die Zeit, in der die Schafe lammen. Arche Verlag, Zürich

2. Kor 4,3–6

Wenn jemand sagt, ich wäre kein Christ gewesen, der hätte nicht recht. Freilich wenn jemand sagen würde, ich wäre ein Christ gewesen, der hätte wohl zuviel gesagt.

Werner Heisenberg (1901–1976), deutscher Physiker.
In: Die Jahrhundertwissenschaft

1. Joh 5,1–4

Leere den Eimer, ehe du zur Quelle gehst.

Milton / Spurgeon, Nr. 17

Jes 55,6–12a

1. Sonntag nach Epiphanias

Es muß doch auffallen, daß der zentrale Begriff der Botschaft Jesu, Königsherrschaft oder Königreich, eine aus der politischen Sprache stammende Metapher ist... Und wurde dieser Jesus nicht als „König der Juden" gekreuzigt? Auch die „Gerechtigkeit", der theologische Zentralbegriff des Paulus, war für die Antike ein gemeinschaftsbezogenes, politisches Wort.

Martin Hengel (geboren 1926), deutscher Theologe.
In: Ev. Kommentare 12/1976, S. 728

Joh 18,37

In der prächtigen Domkirche tritt der hochwohlgeborene, hochwürdige geheime General-Oberhofprediger auf, der auserwählte Günstling der vornehmen Welt, er tritt auf vor einem auserwählten Kreis von Auserwählten und predigt gerührt über den von ihm selbst auserwählten Text: „Gott hat auserwählt das Geringe vor der Welt und das Verachtete" – und da ist niemand, der lacht.

Sören Kierkegaad (1813–1855), dänischer Philosoph und Theologe.
In: Der Augenblick, Werke, 34. Abt. 217,2

Lk 10,16

Der Sinn des Lebens besteht darin,
daß es keinen Sinn hat zu sagen,
daß das Leben keinen Sinn hat.

Niels Bohr (1885–1962), dänischer Physiker

Lk 17,33

Lernen ist wie das Rudern gegen den Strom:
Sobald man aufhört, triebt man zurück.

Benjamin Britten (1913–1976), britischer Komponist

Klgl 3,23

In allen menschlichen Dingen zeigt sich bei genauer Prüfung, daß man nie einen Übelstand beseitigen kann, ohne daß daraus ein anderer entsteht.

Niccolo Machiavelli (1469–1527), italienischer Politiker und Schriftsteller

1. Thess 5,21

Rabbi Baruch sprach einmal: Was für eine gute und lichte Welt ist das doch, wenn man sich nicht an sie verliert, und was für eine finstere Welt ist das doch, wenn man sich an sie verliert.

Martin Buber (1878–1965), jüdischer Religionsphilosoph.
In: Werke, 3. Band: Schriften zum Chassidismus

1. Joh 2,15

Ein Mensch, der schon als kleiner Christ
Weiß, wozu er geschaffen ist:
„Um Gott zu dienen hier auf Erden
Und ewig selig einst zu werden!" –
Vergißt nach manchem lieben Jahr
Dies Ziel, das doch so einfach war,
Das heißt, das einfach nur geschienen:
Denn es ist schwierig, Gott zu dienen!

Eugen Roth (1895–1976), deutscher Schriftsteller.

Ps 100,2

Wer die Welt verändern will, kann gleich bei sich selber anfangen.

Pearl S. Buck (1892–1973), nordamerikanische Schriftstellerin

Lk 9,23–25

Nur von Verwandelten können Wandlungen ausgehen.

Sören Kierkegaard (1813–1855), dänischer Philosoph und Theologe

Joh 16,20

Ohne Opfer kann eine Gesellschaft nicht bestehen.

Albert Schweitzer (1875–1965), evangelischer Theologe, Musiker und Arzt

Hebr 9,26

2. Sonntag nach Epiphanias

Höflichkeit ist die sicherste Form der Verachtung.

Heinrich Böll (1917–1985), deutscher Schriftsteller,
in einer Fernsehdiskussion

Mt 5,37

So wie Eisen außer Gebrauch rostet und das stillstehende Wasser verdirbt oder bei Kälte gefriert, so verkommt der Geist ohne Übung.

Leonardo da Vinci (1462–1519), italienischer Maler, Architekt und Naturforscher

Apg 2,1–18

Wer das erste Knopfloch verfehlt, kommt mit dem Zuknöpfen nicht zu Rande.

Johann Wolfgang v. Goethe (1759–1832), deutscher Schriftsteller.
In: Maximen und Reflexionen 900

1. Kor 15,12–20

wußten sie schon
daß die nähe eines menschen
gesund machen
krank machen
tot und lebendig machen kann
wußten sie schon
daß die nähe eines menschen
gut machen
böse machen
traurig und froh machen kann
wußten sie schon
daß das wegbleiben eines menschen
sterben lassen kann
daß das kommen eines menschen
wieder leben läßt
wußten sie schon
daß die stimme eines menschen
einen anderen menschen
wieder aufhorchen läßt
der für alles taub war
wußten sie schon
daß das wort
oder das tun eines menschen
wieder sehend machen kann
einen
der für alles blind war
der nichts mehr sah
der keinen sinn mehr sah in dieser welt
und in seinem leben
wußten sie schon
daß das zeithaben für einen menschen
mehr ist als geld
mehr als medikamente
unter umständen mehr

als eine geniale operation
wußten sie schon
daß das anhören eines menschen
wunder wirkt
daß ein vorschuß an vertrauen
hundertfach auf uns zurückkommt
wußten sie schon
daß tun mehr ist als reden
wußten sie das alles schon
wußten sie auch schon
daß der weg vom wissen über das reden
zum tun
interplanetarisch weit ist

Wilhelm Willms (auslegung von lukas 8,26ff.)
Aus: Wilhelm Willms, der geerdete himmel, Verlag Butzon & Bercker, Kevelaer [7]1986.

Lk 10,25–37

Höflichkeit ist wie ein Luftkissen, es mag wohl nichts drin sein, aber es mildert die Stöße des Lebens.

Arthur Schopenhauer (1788–1860), deutscher Philosoph

Kol 3,12

Eine Religion, die den Menschen finster macht, ist falsch, denn der Mensch muß Gott mit frohem Herzen dienen und nicht aus Zwang. – Ein Glanz von Hochzeitsfreude lag über Jesus und seiner Jüngerschaft!

Immanuel Kant (1724–1804), deutscher Philosoph

Ps 34,6

Pastor „Klein stellte alle Tage des Jahres ein übertriebenes Maß an Fröhlichkeit zur Schau, in der Überzeugung, daß einem Mann, der sein Leben Gott gewidmet hat, die Pflicht auferlegt sei, mit seiner Glückseligkeit die Rechtschaffenheit seines Weges zu beweisen.“ – Und die Wirkung auf andere? „Shapira, der sich in elender Stimmung befand, schien es, daß Klein vor lauter Fröhlichkeit nur so sprudelte. Seht nur, der Hüter der Seelen, dachte er bedrückt, es reicht, fünf Minuten mit solch einem Frohsinn konfrontiert zu werden, um einem die Laune zu verderben.“

Shulamith Lapid.
Aus: Er begab sich in die Hand des Herrn, deutsch: Judith Bruell-Assan,

1. Thess 5,14–24

Ich kann freilich nicht sagen, ob es besser werden wird, wenn es anders wird; aber so viel kann ich sagen, es muß anders werden, wenn es gut werden soll.

Georg Christoph Lichtenberg (1742–1799), deutscher Physiker und Schriftsteller.
In: Sudelbücher K 293

Joh 5,1–16

Es ist vielleicht eine kleine Tugend, von dem Urteil der Menschen abhängig zu sein, aber bequemer haben es die Rüpel, denen all so was ganz gleichgültig ist.

Theodor Fontane (1819–1898), deutscher Schriftsteller

Röm 12,1–3

Wo wir den Dingen auf den Grund gehen, kommen wir immer auf etwas Geheimnisvolles. Das Leben und alles, was damit zusammenhängt, ist unergründlich.

Albert Schweitzer (1875–1965), evangelischer Theologe, Musiker und Arzt.
In: Ausgewählte Kostbarkeiten, S. 25

Eph 5,32

3. Sonntag nach Epiphanias

Viele Quellen sind mit dem Flußlauf nicht einverstanden.

Jean Cocteau (1889–1963), französischer Schriftsteller und Filmregisseur

Ps 36,10

Der Glaube ist eine sechste Art von Sinn,
der wirksam wird, wenn die Vernunft versagt.

Mahatma Gandhi (1869–1948), indischer Staatsmann

Mt 17,20

Wir sollten nicht erwarten, für alles, was wir glauben, einen Grund zu sehen, denn viele Lehren sind Geheimnisse, und wir müssen sie nehmen, wie Pillen. Wir kauen Pillen nicht, sondern schlucken sie hinunter, und ebenso müssen wir diese Wahrheiten in unsere Seele aufnehmen im Vertrauen auf den Offenbarer.

Milton / Spurgeon, Nr. 41

Hebr 10,35

Wer nicht an Wunder glaubt,
ist kein Realist.

David Ben-Gurion (1886–1973), israelischer Staatsmann

Mk 2,1–12

„Mutter“, ruft das Kind in seinem Zimmer, „sag mal etwas zu mir, ich fürchte mich, weil es so dunkel ist!“ – Die Mutter: „Was hast du denn davon? Du siehst mich ja gar nicht!“ – Das Kind: „Das macht nichts – wenn jemand spricht, wird es hell!“

Sigmund Freud (1856–1939), österreichischer Arzt und Psychoanalytiker

1. Joh 4,17

Ich habe von vielen Quellen getrunken und bin ewig durstig.

Stanislaw Jerzy Lec (1909–1966), polnischer Schriftsteller.
In: Unfrisierte Gedanken.

Joh 7,38

Die Gottheit ist mein Saft: was aus mir grünt und blüht,
Das ist sein heiliger Geist, durch den der Trieb geschieht.

Angelus Silesius (I,90)

Ps 1

Kraft macht keinen Lärm. Sie ist da und wirkt.

Albert Schweitzer (1875–1965), evangelischer Theologe, Musiker und Arzt.
In: Ausgewählte Kostbarkeiten

Ps 27,1

In einem guten Wort ist Wärme für drei Winter.

Mongolei

Mt 4,4

4. Sonntag nach Epiphanias

Erst unter Kuß und Spiel und Scherzen
Erkennt du ganz, was Leben heißt;
O lerne denken mit dem Herzen,
und lerne fühlen mit dem Geist.

Theodor Fontane (1819–1898), deutscher Schriftsteller

1. Joh 3,19–21

Meine Mutter hat Zwillinge geboren, mich und meine Angst.

Thomas Hobbes (1588–1679), englischer Philosoph

Joh 16,33

Nicht obwohl Jesus im Schiff ist, geht es dennoch in den Sturm… es gilt sogar: *weil* Christus im Schiff ist, geht es in den Sturm! Diese Historie laßt uns ja wohl merken und ein Sprichwort daraus machen, daß wir sagen: So geht's, kommt Christus in das Schiff, so wird's nicht lange still bleiben. Es wird ein Wetter und Ungestüm kommen!

Martin Luther (1483–1546)

Mt 10,34

Alte Blätter fallen, wenn sie den Herbst und Winter hindurch auf den Bäumen bleiben, im Frühling ab.

Milton/Spurgeon, Nr. 125

Jes 40,26–31

Jeder Mensch hat zwei Kämpfe
zu kämpfen:
in Träumen kämpft er mit Gott;
im Wachen gegen das Meer.

Antonio Machado, Antologia Poetica. Proverbios y cantares XXVIII, S. 168. Übersetzung: Heinz-Martin Krauß

1. Mose 32,23–32

So weit im Leben, ist zu nah am Tod!

Friedrich Hebbel (1813–1863), deutscher Schriftsteller

1. Kön 19,1–8

Vertrauen ist gut, Kontrolle ist besser.

Wladimir Iljitsch Lenin zugeschriebener Ausspruch

Hebr 10,35

5. Sonntag nach Epiphanias

Gott ist ein lauter Nichts, ihn rührt kein Nun und Hier.
Je mehr du nach ihm greifst, je mehr entwird er dir.

Angelus Silesius

Röm 11,(32)33–36

Das Mittel, Unkraut zu vertilgen, ist, gute Kräuter, die ihm entgegengesetzt sind, zu pflanzen.

Milton / Spurgeon, Nr. 43

Lk 19,1–10

Mehr und mehr wird es jetzt offensichtlich, daß Gott nicht länger bei uns weilt. Bisher wurde der Mensch durch Fragen gepeinigt, für die es keine Antworten gab. Durch die Computer werden wir jetzt mit Antworten überschüttet, für die wir nicht einmal die Frage stellen können.

Peter Ustinov (geboren 1921), englischer Schauspieler und Schriftsteller

Apg 17,22–28a (28b–34)

Gott ist ein Ackersmann, das Korn sein ew'ges Wort,
Der Pflugschar ist sein Geist, mein Herz der Säungsort.

Angelus Silesius (I, 64)

1. Kor 3,9

Gott schenke mir einen klaren Blick und Freiheit ohne Hast!
Gott schenke mir einen stillen und unerbittlichen Haß gegen falschen Schein, gegen Anmaßung und gegen nachlässige und halbfertige Arbeit.
Gott schenke mir die Kraft, selbst Dir nicht blind zu vertrauen!

Gebet eines Forsches nach Sinclair Lewis

Gal 5,1

Der Mensch, der höflich ist, betritt nicht einmal den Schatten seines Nachbarn.

Japanisches Sprichwort

Spr 27,10

Die Seel ist ein Kristall, die Gottheit ist ihr Schein:
Der Leib, in dem du lebst, ist ihrer beider Schrein.

Angelus Silesius (I,60)

1. Kor 6,9–14,18–20

Günter ging mit seiner Mutter einkaufen. Auf dem Weg zum Markt kamen sie an einer großen Kirche vorbei. Günter schaute an der Kirche hoch und sagte: „Mutti, guck mal, die großen Fenster sind ja ganz schön schmutzig, die sehen aber gar nicht schön aus."

Die Mutter sagte nichts, sondern nahm Günter an der Hand und ging mit ihm in die Kirche hinein. Hier waren die Fenster, die von außen ganz grau und schmutzig aussahen, plötzlich strahlend bunt und leuchteten in den hellsten Farben. Da staunte Günter, und er schaute sich die Fenster genau an. Vorne über dem Altar war ein auffallend schönes Fenster zu sehen – mit vielen Heiligenfiguren. Und durch eine Figur strahlte gerade die Sonne hindurch, so daß sie besonders hell war. Günter fragte: „Mutti, wer ist das?" – „Da vorne", antwortete die Mutter, „das ist ein Heiliger, der heilige Martin".

Das hatte sich Günter gut gemerkt.

Ein paar Tage später hatte die Klasse Religionsunterricht. Plötzlich fragte der Lehrer: „Wer von euch kann mir sagen, was ein Heiliger ist?" Da war großes Schweigen in der Klasse. Nur Günter zeigte auf und sagte: „Ich weiß es, ein Heiliger, das ist ein Mensch, durch den die Sonne scheint!"

Heinrich Engel.
Aus: W. Hoffsümmer, Kurzgeschichten 2, S. 142

2. Thess 5,23

Der Schmerz sehnt sich nach Vergehen, das Weh findet Trost darin, daß es ein Ende hat. Aber die Lust will bleiben, will ohne Ende sein. Lust ist deshalb ein Zwilling der Religion.

Eberhard Jüngel (geboren 1934), Gott als Geheimnis, S. 289

Jes 58, 7–12

Wo Gott ein Feuer ist, so ist mein Herz der Herd,
Auf welchem er das Holz der Eitelkeit verzehrt.

Angelius Silesius (I,66)

Lk 12, 49–53

Letzter Sonntag nach Epiphanias

Vergleiche ihn ruhig mit anderen Größen
Sokrates – Rosa Luxemburg – Gandhi
er hält das aus
besser ist allerdings
du vergleichst ihn
mit dir.

Dorothee Sölle (geboren 1929), deutsche Theologin

Phil 2,5–11

Man kann den höchsten Gott mit allen Namen nennen,
Man kann ihm wiederum nicht einen zuerkennen.

Angelus Silesius (V, 196)

Jer 23,5–8

Ein Bruder frage den Altvater Poimen: „Ist Reden besser als Schweigen?“ Der Greis antwortete ihm: „Wer Gottes wegen redet, tut gut daran, wer Gottes wegen schweigt, tut ebenso gut.“

Weisung der Väter, S. 240

Mt 12,34

Gott ist so nah bei dir mit seiner Gnad und Güte,
Er schwebt dir wesentlich im Herzen und Gemüte.

Angelus Silesius

Lk 17, 20–24 (25–30)

Der Abgrund meines Geistes ruft immer mit Geschrei
Den Abgrund Gottes an: sag, welcher tiefer sei?

Angelus Silesius (I, 68)

1. Kor 2, 1–10

Septuagesimae

Reichtum macht das Herz schneller hart als kochendes Wasser ein Ei.

Ludwig Börne (1786–1837), Schriftsteller

Jak 2,13

Das Recht des Stärkeren ist das stärkste Unrecht.

Marie von Ebner-Eschenbach (1830–1916), österreichische Schriftstellerin.
In: Aphorismen

2. Kor 12,1–10

Humanität besteht darin, daß nie ein Mensch einem Zweck geopfert wird.

Albert Schweitzer (1875–1965), ev. Theologe, Musiker u. Arzt.
In: Kultur und Ethik, Kap. 19

Hebr 9,15.26b–28

Leben, mein Lucilius, heißt kämpfen.

Seneca (um 55 v. Chr. – um 40 n. Chr.), römischer Schriftsteller

1. Mose 32,23–33

Lorbeer ist ein gutes Kraut
für die Saucenköche;
wer's als Kopfbedeckung wünscht,
wisse, daß es steche.

Otto Julius Bierbaum (1856–1910), Schriftsteller

2. Kor 12,1–10

Mein Lebenslauf ist bald erzählt.
In stiller Ewigkeit verloren
Schlief ich, und nichts hat mir gefehlt,
Bis daß ich sichtbar ward geboren.
Was aber nun? – Auf schwachen Krücken,
Ein leichtes Bündel auf dem Rücken,
Bin ich getrost dahingeholpert,
Bin über manchen Stein gestolpert,
Mitunter grad, mitunter krumm,
Und schließlich mußt' ich mich verschnaufen.
Bedenklich rieb ich meine Glatze
Und sah mich in der Gegend um.
O weh! Ich war im Kreis gelaufen,
Stand wiederum am alten Platze,
Und vor mir dehnt sich lang und breit,
Wie ehedem, die Ewigkeit.

Wilhelm Busch (1832–1908), Maler, Zeichner und Dichter.
In: Das Gesamtwerk. Band VI, Fackelverlag Olten, 1966

Hebr 12,1–3

Es ist schwieriger, eine vorgefaßte Meinung zu zertrümmern als ein Atom.

Albert Einstein (1879–1955), Physiker

Apg 1,12

Enthaltsamkeit ist das Vergnügen
an Sachen, welche wir nicht kriegen.

Wilhelm Busch (1832–1908), Maler, Zeichner und Dichter.
In: Sämtliche Werke. Hg. von R. Hochhuth. ©Bertelsmann, München 1962

2. Kor 11,18.23b–30; 12,1–10

Sexagesimae

Die Menschen haben keine Zeit mehr, irgend etwas kennenzulernen. Sie kaufen sich alles fertig in den Geschäften.

Antoine de Saint-Exupéry (1900–1944), französischer Schriftsteller.
In: Der kleine Prinz XXI

Der Mensch soll um der Güte und Liebe willen dem Tode keine Herrschaft einräumen über seine Gedanken.

Thomas Mann (1875–1955), Schriftsteller.
Aus: Der Zauberberg. Kap. 6. © S. Fischer Verlag, Berlin, 1924

Mk 2, 1–12

Amma Theodora sprach: „Kämpfet, um durch die enge Pforte einzugehen! (Mt 7, 13). Es ist ähnlich wie bei den Bäumen: Wenn sie nicht Unwetter und Regengüsse erhalten, tragen sie keine Frucht. So ist auch für uns dieser Aion ein Unwetter. Nur durch viele Bedrängnisse und Anfechtungen werden wir Erben des Reiches der Himmel."

Weisung der Väter, S.113

Röm 5, 1–5 (6–11)

Angst ist für die Seele ebenso gesund
wie ein Bad für den Körper.

Maxim Gorki (1868–1936), russischer Schriftsteller

Ps 32,6f.

Wir haben keine inneren Stimmen mehr.
Wir wissen heute zuviel.
Der Verstand tyrannisiert unser Leben.

Robert Musil (1880–1942), österreichischer Schriftsteller

1. Sam 3,1–10(11–14)

Ich bin noch immer ein Atheist,
Gott sei Dank.

Luis Buñuel (1900–1983), spanischer Filmregisseur

Röm 5,6

Es gelingt mir zwar schließlich, diese Welt zu verstehen, indem wir ihre Ordnungsstrukturen in mathematischen Formeln darstellen; aber wenn wir über sie sprechen wollen, müssen wir uns mit Bildern und Gleichnissen begnügen, fast wie in der religiösen Sprache.

Werner Heisenberg (1901–1976), Physiker

Mt 13,10–17

Man reist nicht billiger und nicht schneller als in Gedanken.

Georg Weerth (1822–1856), Schriftsteller und Publizist

Lk 24,36–45

Aber der Pfeil gehört nicht mehr dem Schützen, sobald er von der Sehne des Bogens fortfliegt, und das Wort gehört nicht mehr dem Sprecher, sobald es seiner Lippe entsprungen und gar durch die Presse vervielfältigt worden.

Heinrich Heine (1797–1856), Dichter und Publizist.
In: Zur Geschichte der Religion und Philosophie in Deutschland. Vorrede zur 2. Auflage

Mt 12,33–37

Estomihi

Du wirst es nie zu Tücht'gem bringen
Bei deines Grames Träumerein,
Die Tränen lassen nichts gelingen,
Wer schaffen will, muß fröhlich sein.
Wohl Keime wecken mag der Regen,
Der in die Scholle niederbricht,
Doch golden Korn und Erntesegen
Reift nur heran bei Sonnenlicht.

Theodor Fontane (1819–1898), Schriftsteller und Publizist.
In: „Sprüche" 6

2. Kor 9,7

Ein Vogel lag auf dem Rücken und hielt beide Beine starr gegen den Himmel gestreckt. Ein anderer Vogel kam vorüber und fragte verwundert: „Warum liegst du so da? Und warum hältst du die Beine so starr?"

Da antwortete der erste Vogel: „Ich trage den Himmel mit meinen Beinen. Wenn ich losließe und die Beine anzöge, würde der Himmel herabstürzen."

Kaum hatte er das gesagt, da löste sich ein Blatt vom nahen Eichbaum und fiel leise raschelnd zur Erde. Darüber erschrak der Vogel so sehr, daß er sich geschwind aufrichtete und spornstreichs davonflog. Der Himmel aber blieb an seinem Ort.

Alte Fabel

Ps 8

Wenn die Menschen einen einzigen Schritt vorwärts tun wollen zur Beherrschung der Natur durch die Kunst der Organisation und Technik, müssen sie vorher drei Schritte der ethischen Vertiefung nach innen gehen.

Novalis (Friedrich Leopold Freiherr von Hardenberg – 1772–1801), Dichter

1. Mose 11,1–9

Aber alle erwartet eine einzige Nacht
und der nur ein einziges Mal zu betretende Weg des Todes.

Horaz (65 v.Chr.–8 v.Chr.), römischer Dichter.
In: Carmina 1,28,15f.

Lk 12,20

Die Religion, die vor der Wissenschaft Angst hat,
entehrt Gott und begeht Selbstmord.

Ralph Waldo Emerson (1803–1882), amerikanischer Schriftsteller

1. Mose 1+2

Es war einmal ein kleines Mädchen, dem waren Vater und Mutter gestorben, und es war so arm, daß es kein Zimmer mehr hatte, darin zu wohnen, und kein Bett mehr, darin zu schlafen, und endlich gar nichts mehr als die Kleider auf dem Leib und ein Stück Brot in der Hand, das ihm ein mitleidiger Mensch geschenkt hatte. Es war aber gut und fromm. Und weil es von aller Welt verlassen war, ging es im Vertrauen auf Gott hinaus. Da begegnete ihm ein armer Mann, der sprach: „Ach, gib mir etwas zu essen, ich bin so hungrig." Das Mädchen reichte ihm das ganze Stück Brot und sagte: „Gott segne dir's", und ging weiter.

Da kam ein Kind, das jammerte und sprach: „Es friert mich so an meinem Kopfe, schenk mir etwas, womit ich ihn bedecken kann." Da nahm das Mädchen seine Mütze ab und gab sie ihm.

Und als das Mädchen noch eine Weile gegangen war, kam wieder ein Kind und hatte keine Jacke an und fror: Da gab es ihm seine; und noch weiter, da bat ein Kind um einen Rock, den gab es auch von sich hin.

Endlich gelangte das Mädchen in einen Wald, und es war schon dunkel geworden. Da kam noch ein Kind und bat um ein Hemd, und das Mädchen dachte: Es ist dunkle Nacht, da sieht dich niemand, du kannst wohl dein Hemd weggeben, und zog das Hemd ab und gab es auch noch hin. Und wie das Mädchen so stand und gar nichts mehr hatte, fielen auf einmal die Sterne vom Himmel und waren lauter silberne Taler. Und ob das Mädchen gleich sein Hemd weggegeben hatte, so hatte es ein neues an, und das war vom allerfeinsten Linnen. Da sammelte es die Taler hinein und war reich für sein Lebtag.

Märchen nach Brüder Grimm

Lk 16, 19–31

Gewiß, ein stolzer Geist ist kein großer Geist, so wenig, als ein geschwollener Arm für kräftig gerechnet werden kann.

Milton / Spurgeon, Nr. 174

Jes 2,11

Und dann kommen sie zurück
mit demselben bösen Blick.

Franz Josef Degenhard (geb. 1931), Musiker und Sänger (über bestimmte Gottesdienstbesucher)
Aus: Deutscher Sonntag. In: Spiel nicht mit den Schmuddelkindern. Gerig Musikverlag

Jak 1,26f.

Denken und Wissen sollten immer gleichen Schritt halten. Das Wissen bleibt sonst tot und unfruchtbar.

Wilhelm von Humboldt (1767–1835), Gelehrter und Politiker, bei der Eröffnung der Berliner Universität im Jahre 1809

Ps 111,10

Gib einem Hungernden einen Fisch, und er wird einen Tag satt; gib ihm eine Angel, und er wird sein Leben lang satt.

China

Mt 15,36

Die Seele ist wie eine Mühle: wenn sie kein Korn hat, mahlt sie sich selbst.

Milton / Spurgeon, Nr. 227

Ps 73,26

Aschermittwoch

Mißtraut den Menschen! Sie sind großer Taten fähig.

Stanislaw Jerzy Lec (1909–1966), polnischer Lyriker und Aphoristiker.
In: Unfrisierte Gedanken.

1. Mose 11

Mensch, Gott ist nicht gedient mit Fasten, Beten, Wachen:
Du dienst mehr dir damit, weil's dich kann heilig machen.

Angelus Silesius (V, 64)

Mk 2,18–22

Die Äpfel erscheinen, wenn der Saft nicht gesehen wird. Es sind die tätigen und lebendigen Gnaden, die sich entfalten. Ein Mensch mag gut denken oder gut sprechen; aber es ist jene Gnade, die seine Handlungen regiert, die sich am meisten zeigt.

Milton/Spurgeon, Nr. 127

Mt 12,30–35

Früher oder später, aber gewiß immer, wird sich die Natur an allem Tun der Menschen rächen, das wider sie selbst ist.

Johann Heinrich Pestalozzi (1746–1827), Schweizer Pädagoge, Schriftsteller und Sozialreformer

Ein Leichnam mag auf dem Paradebett liegen und prachtvoll geschmückt sein, aber es ist kein Leben in ihm.

Milton / Spurgeon, Nr. 291

Jes 38,9–20

Ein Schlüssel rostet, der selten in dem Schlosse umgedreht wird.

Milton / Spurgeon, Nr. 70

Mt 7,16

Leben ist der Anfang des Todes. Das Leben ist um des Todes willen.

Novalis (Friedrich Leopold Freiherr von Hardenberg – 1772–1801), Dichter

Offb 2,8–11

Ich weiß, daß ohne mich Gott nicht ein Nu kann leben,
Werd' ich zunicht, er muß von Not den Geist aufgeben.

Angelus Silesius (I,8)

1. Mose 1,26ff.

Mit den Menschen ist es wie mit den Autos:
Laster sind schwer zu bremsen.

Heinz Erhardt, deutscher Komiker

Röm 7,19

Invokavit

Das Paradies pflegt sich erst dann als Paradies zu erkennen zu geben, wenn wir daraus vertrieben wurden.

Hermann Hesse (1877–1962), Schriftsteller

Lk 23,33–49

Der Mensch beherrscht die Natur,
bevor er gelernt hat, sich selbst zu beherrschen.

Albert Schweitzer (1875–1965), evangelischer Theologe, Musiker und Arzt

1. Mose 1,28

Als die Weißen nach Afrika kamen,
hatten wir das Land und sie die Bibel.
Dann lehrten sie uns,
mit geschlossenen Augen zu beten –
und als wir die Augen wieder öffneten,
hatten sie das Land,
und wir hatten die Bibel.

Jomo Kenyatta (1894–1978), erster Präsident des unabhängigen Kenia

1. Petr 2,1

Die meisten unserer Fehler erkennen und legen wir erst dann ab, wenn wir sie an anderen entdeckt und gesehen haben, wie sie denen stehen.

Karl Gutzkow (1811–1878), deutscher Journalist und Literaturkritiker

Lk 6,36–42

Nichts ändert sich unter der Sonne –
sagen die Verzweifelten.
Wie konntest du dann, Mensch, denkender Mensch –
außer du wolltest dein Denken verleugnen –
wie konntest du dann aus der Tierheit auftauchen?

Pierre Teilhard de Chardin (1881–1955), französischer Paläontologe, Geologe, Anthropologe, Philosoph und kath. Theologe. In: Der Mensch im Kosmos

Röm 12,1–3 (4–8)

Du mußt herrschen und gewinnen,
Oder dienen und verlieren,
Leiden oder triumphieren,
Amboß oder Hammer sein.

Johann Wolfgang Goethe (1749–1832), Dichter.
In: Ein anderes

2. Kor 12,1–10

Zu wem du dich gesellst, des Wesen saufst du ein:
Bei Gotte wirst du Gott, beim Teufel Teufel sein.

Angelus Silesius (V, 76)

1. Petr 5,8

Wir schauen einen Kometen mehr an als die Sonne.

Milton / Spurgeon, Nr. 172

Ps 104,19

In der moralischen Entrüstung schwingt auch immer die Besorgnis mit,
vielleicht etwas versäumt zu haben.

Jean Genet (1910–1986), französischer Schriftsteller

Joh 8,3–11

Der Teufel hat die Welt verlassen, weil er weiß,
daß die Menschen selbst einander die Hölle heiß machen.

Friedrich Rückert (1788–1866), Dichter und Orientalist

2. Kor 11,23f.

Reminiszere

Gottlose Menschen werden erhalten mit Rücksicht auf die gottesfürchtigen; sie sind nur wie eine Dornenhecke um einen Rosengarten. Nun, wenn die Rosen abgeschnitten sind, was wird aus den Dornen werden?

Milton / Spurgeon, Nr. 67

Mt 13,24–30

Ich weiß Gott's Konterfei: er hat sich abgebild't
In seinen Kreaturn, wo du's erkennen wilt.

Angelus Silesius (IV, 164)

Ps 8

Schämen sollen sich die Menschen, die sich gedankenlos der Wunder der Wissenschaft und Technik bedienen und nicht mehr davon geistig erfaßt sind als die Kuh von der Botanik der Pflanzen, die sie mit Wohlbehagen frißt.

Albert Einstein (1879–1955), Physiker
1930 bei der Eröffnung der Großen Berliner Funkausstellung

Ps 66,3

Weh' dem Lande, wo man nicht mehr singet.

Johann Gottfried Seume (1763–1810), Schriftsteller

Ps 96

Rabbi Schlomo fragte: „Was ist die schlimmste Tat des bösen Triebs?“ Und er antwortete: „Wenn der Mensch vergißt, daß er ein Königssohn ist.“

Martin Buber (1878–1965), jüdischer Religionsphilosoph.
In: Werke, 3. Band: Schriften zum Chassidismus

1. Kor 6,19

So viele Lebensperioden, so viele Altersstufen wir durchlaufen, so viele Male müssen wir den Tod durchleiden. – Auf Hoffnung hin!

Augustinus (354–430), lateinischer Kirchenlehrer

Ps 119,116

Hoffnung ist oft ein Jagdhund ohne Spur...

William Shakespeare (1564–1616), englischer Dramatiker, Schauspieler und Dichter.
In: Die lustigen Weiber von Windsor. II, 1

Röm 4,18–25

Okuli

Der Vogel in der Luft, der Stein ruht auf dem Land,
Im Wasser lebt der Fisch, mein Geist in Gottes Hand.

Angelus Silesius (I, 80)

Pred 9, 1

Bin ich denn heute dieser
und morgen ein anderer?
Bin ich beides zugleich?
...
Wer bin ich?
Einsames Fragen treibt mit mir Spott.
Wer ich auch bin, du kennst mich.
Dein bin ich, o Gott

Dietrich Bonhoeffer (1906–1945), evangelischer Theologe
1944 in seiner Gefängniszelle (Gedicht „Wer bin ich?“)

Röm 7, 14–25a

Wenn man kein Geld hat, denkt man immer an Geld.
Wenn man Geld hat, denkt man nur noch an Geld.

Paul Getty (1892–1976), amerikanischer Ölmilliardär

Lk 16, 10–13

In einem afrikanischen Märchen wird von einer großen Trockenheit erzählt. Das Land verdorrt, Tiere verdursten. Alle Quellen und Brunnen sind versiegt.

Eine einzige Blume ist noch wie durch ein Wunder verschont geblieben. Eine winzige Quelle spendet ihr noch ein paar Tropfen Wasser. Doch die Quelle ist verzweifelt und klagt: „Alles stirbt. Warum soll ich mich noch anstrengen und ein paar Tropfen Wasser aus der Erde holen?“ Das hört ein alter starker Baum, der in der Nähe steht, und sagt ihr: „Niemand erwartet, daß du alle Pflanzen und Tiere ringsum rettest. Deine Aufgabe besteht nur darin, diese kleine Blume am Leben zu erhalten!“

Ps 36,10

Wenn ich die Evangelien lese, stoße ich nie auf eine Stelle, wo von dem Gepäck die Rede ist, das Jesus mit sich trug. Es wird nicht einmal eine Reisetasche erwähnt. Jesus besaß nicht einmal eine Zahnbürste, soviel man weiß. Kein Gepäck, kein Möbelstück, keine Wäsche, kein Taschentuch, keinen Personalausweis, kein Bankbuch, keine Versicherungspolice, kein Haus. Heimat war für ihn, wo er sich gerade befand. Nicht wo er seinen Hut aufhängte, denn er besaß keinen.

Henry Miller (1891–1980), amerikanischer Schriftsteller.
In: Big Sur und die Orangen des Hieronymus Bosch

Phil 2,5–11

„Rebbe, ich verstehe das nicht: kommt man zu einem Armen, der ist freundlich und hilft, wo er kann. Kommt man aber zu einem Reichen, der sieht einen nicht mal. Was ist das bloß mit dem Geld?"

Da sagt der Rabbi: „Tritt ans Fenster! Was siehst du?"

„Ich sehe eine Frau mit einem Kind. Und einen Wagen, der zum Markt fährt."

„Gut. Und jetzt tritt an den Spiegel. Was siehst du?"

„Nun, Rebbe, was werd ich sehen? Mich selber."

„Nun siehst du: das Fenster ist aus Glas gemacht und der Spiegel ist aus Glas gemacht. Man braucht nur ein bißchen Silber dahinterzulegen, schon sieht man nur noch sich selbst."

Quelle unbekannt

Spr 13,7

Wiederum sagte Altvater Antonios: „Wer in der Wüste sitzt und die Herzensruhe pflegt, wird drei Kämpfen entrissen: dem Hören, dem Reden, dem Sehen."

Weisung der Väter, S. 17

Lk 5,16

Ich empöre mich, also sind wir.

Albert Camus (1913–1960), französischer Schriftsteller und Philosoph.
Aus: Der Mensch in der Revolte. © 1953 by Rowohlt Verlag, Hamburg

Ps 22

Schuld, die aus dem Grabe aufgewühlt ist, ist schrecklicher, als ein Geist oder als ein von den Toten Erstandener.

Milton / Spurgeon, Nr. 57

Micha 7,18f.

Lätare

Gott stirbt nicht an dem Tag, an dem wir nicht länger an eine persönliche Gottheit glauben, aber *wir* sterben an dem Tag, an dem das Leben für uns nicht länger von dem stets wiedergeschenkten Glanz des Wunders durchstrahlt wird, von Lichtquellen jenseits aller Vernunft.

Dag Hammarskjöld (1905–1961), Generalsekretär der UNO (in seinem Tagebuch)

Mal 3,13–20

Die Welt, die hält dich nicht, du selber bist die Welt,
Die dich in dir mit dir so stark gefangen hält.

Angelus Silesius (II, 85)

Joh 16,23b–28(29–32)33

Michelangelo (1475–1564) sagte einst zu einer Gräfin:
„Ich bin 86 Jahre alt und hoffe,
bald von Gott heimgerufen zu werden."
Die Gräfin fragte ihn: „Sind sie lebensmüde?"
Der große Künstler entgegnete: „Nein, lebenshungrig!"

Quelle unbekannt

Ps 90

Der Sonne und dem Tode kann man nicht unverwandt ins Antlitz schauen.

François VI., Herzog v. La Rochefoucauld (1613–1680), französischer Schriftsteller

Ps 139,7

Wenn du mich triffst, sprich leise,
Als wär ich dir bekannt;
Und von der langen Reise
Sag nichts, gib mir die Hand.

Ich weiß nicht, ob ich bange,
Zeigst du mir dein Gesicht;
Vielleicht kenn ich's schon lange.
Vielleicht auch kenn ich's nicht.

Du bist so schwer zu nennen,
O Tod, ich nenn dich Weib;
Damit ich im Erkennen
Still zu dir sage: bleib!

Vielleicht wird Liebe wehen
Um uns, bin ich bereit,
Dann zeug ich im Vergehen
Mit dir: Unsterblichkeit.

Stefan Andres (1906–1970), Schriftsteller.
An den Tod. Aus: Der Granatapfel, S. 28.

Röm 14,7–9

Die innere Freude, die wir empfinden, wenn wir etwas Gutes getan haben und wenn wir fühlten, daß wir irgendwo notwendig waren und Hilfe, ist eine Speise, deren die Seele bedarf.

Albert Schweitzer (1875–1965), evangelischer Theologe, Musiker und Arzt.
In: Ausgewählte Kostbarkeiten, S. 58

3. Joh 4

Das Himmelreich wird leicht erobert und sein Leben.
Belagre Gott mit Lieb: er muß dir's übergeben.

Angelus Silesius

Jes 63

Judika

Wenn das einzige Werkzeug,
das du hast, ein Hammer ist,
dann neigst du dazu,
jedes Problem als Nagel anzusehen.

Abraham Maslow (1908–1970), amerikanischer Psychologe

Ps 62,11

Das große Karthago führte drei Kriege.
Es war noch mächtiger nach dem ersten,
noch bewohnbar nach dem zweiten.
Es war nicht mehr auffindbar nach dem dritten.

Bertolt Brecht (1898–1956), Schriftsteller und Regisseur.
Aus: Gesammelte Werke.

Der Altvater Antonios sprach zum Altvater Poimen: „Das ist das große Werk des Menschen, daß er seine Sünde vor das Angesicht Gottes emporhalte, und daß er mit Versuchung rechne bis zum letzten Atemzug."

Weisung der Väter, S. 16

Jak 1,12–18

Abraham faßte Isaak bei der Brust, warf ihn zur Erde und sagte: „Dummer Knabe, glaubst Du, ich sei Dein Vater? – Ich hänge Abgöttern an! – Glaubst Du, es sei Gottes Befehl? – Nein, es ist meine Lust!“

Da zitterte Isaak und rief in seiner Angst: „Gott im Himmel, erbarme Dich über mich! – Habe ich keinen Vater auf Erden, dann sei Du mein Vater!“

Aber Abraham sagte still bei sich: „Herr des Himmels, ich danke Dir! Es ist besser, daß er glaubt, ich sei ein Unmensch, als daß er den Glauben an Dich verlieren sollte!“

Aber später sah Isaak, daß sich Abrahams Linke in Verzweiflung ballt, daß ein Zittern durch seinen Körper geht – daß er aber dennoch das Messer zieht. – Aber Isaak hatte den Glauben verloren. –

In der Welt ist kein Wort darüber verlautet. Und Isaak hat zu keinem Menschen darüber gesprochen, was er gesehen hat.

Und Abraham ahnte nicht, daß er etwas gesehen hatte!

Sören Kierkegaard (1813–1855), dänischer Theologe, Philosoph und Schriftsteller.
Lobrede auf Abraham, in: Furcht und Zittern

Hebr 11,8–10

Wiederum sprach Altvater Antonios: „Gehorsam zusammen mit Enthaltsamkeit zähmt wilde Tiere.“

Weisung der Väter, S. 24

1. Petr 2,11–17

„Gott wird niemals vergessen, daß du in 175 Jahren nicht weiter als zum Glauben gekommen bist!“

Sören Kierkegaard (1813–1855), dänischer Theologe, Philosoph und Schriftsteller.
In: Vater des Glaubens

Palmarum

Ich bin so groß als Gott, er ist als ich so klein:
Er kann nicht über mich, ich unter ihm nicht sein.

Angelus Silesius (I, 10)

1. Mose 32, 23–32

In dieser Woche ist Großes geschehen, nicht weniger, als in jener Woche, da Gott Himmel und Erde erschaffen am Anfang der Welt.

Martin Luther (1483–1546) zum Evangelium Joh 12,12–19 am Sonntag Palmarum

O Unbegreiflichkeit! Gott hat sich selbst verlorn,
Drum will er wiederum in mir sein neugeborn.

Angelus Silesius (I, 201)

Joh 3,1–8 (9–15)

Die Sünde ist ein schlechter Gast, denn sie steckt stets ihre Wohnung in Brand.

Milton / Spurgeon, Nr. 356

1. Joh 1,8

Kommt, reden wir zusammen
wer redet, ist nicht tot,
es züngeln doch die Flammen
schon sehr um unsere Not.

Kommt, sagen wir: die Blauen,
kommt, sagen wir: das Rot,
wir hören, lauschen, schauen
wer redet, ist nicht tot.

Allein in deiner Wüste,
in deinem Gobigraun –
du einsamst, keine Büste,
kein Zwiespruch, keine Fraun,

und schon so nah den Klippen,
du kennst dein schwaches Boot –
kommt, öffnet doch die Lippen,
wer redet, ist nicht tot.

Gottfried Benn (1886–1956), Schriftsteller.
Kommt – . In: Sämtliche Werke. In Verbindung mit Ilse Benn hrsg. von Gerhard Schuster. Band II: Gedichte. Klett-Cotta, Stuttgart 1986

Eph 4,22–32

Wissen Sie, Gertrude, ich habe gar nichts dagegen, daß Sie mir Moral predigen. Das macht man ganz einfach immer dann, wenn man jemanden nicht leiden kann.

Oscar Wilde (1854–1900), irischer Schriftsteller.
In: An Ideal Husband (Ein idealer Gatte). 2. Akt

Mk 2,23–28

1988 wurde im westafrikanischen Staat Elfenbeinküste ein Spielfilm gedreht, der unter verschiedenen Titeln („Liebe, Sex und Ananas“ oder „Bal Poussière“) in deutschen Fernsehsendern lief. Daß der Film tiefergehende Absichten hat, als nur – in Form einer Komödie – zu unterhalten, kann ein Dialog deutlich machen.

Ein Muslim begrüßt einen anderen mit der dort üblichen Redewendung: „Gott ist groß.“ Darauf reagiert der andere unerwartet: „Wenn er doch nicht nur groß wäre...“ Es folgt die erstaunte, sogar bestürzte Frage dessen, der traditionell gegrüßt hatte: „Warum?“ – „Dann sieht er nicht nur die Großen!“

Mt 11,2–6

Gründonnerstag

Der Glaube greift nach Gott;
die Hoffnung nimmt ihn wahr;
Die Lieb umhalset ihn; die Andacht ißt ihn gar.

Angelus Silesius (III, 230)

1. Kor 13

Die Welt ist schön! Und das ist eigentlich traurig.

Stanislaw Jerzy Lec (1909–1966), polnischer Lyriker und Aphoristiker.
In: Neue unfrisierte Gedanken.

Mk 10, 17–27

Beim Bronzeportal der Kathedrale von Benevent ist Judas dargestellt, wie er an einer Palme hängt und wie sich dem Hängenden von oben her ein Engel nähert, ihn umarmt und küßt, ihn, der seinen Meister mit einem Kuß verriet. Das Bild will offenbar sagen: Der Tod des Judas gehört zum Tod Christi. Durch seinen Verrat kam die Passion in Gang, der wir die Erlösung verdanken. So nimmt ihn, den Verfluchten, die Gnade dennoch auf. Judas blieb einsam auf der Nachtseite der Passion und wird durch Jesus doch noch des Lichtes teilhaftig.

Jörg Zink, Erfahrung mit Gott, S. 213

Keinem vernünftigen Menschen wird es einfallen, Tintenflecken mit Tinte, Ölflecken mit Öl wegwaschen zu wollen. Nur Blut, das soll immer wieder mit Blut abgewaschen werden.

Bertha von Suttner (1843–1914), österreichische Pazifistin und Schriftstellerin

1. Joh 1,7

Nach einer Darbringung (= Eucharistiefeier) auf dem Berge des Antonios blieb dort ein Fäßchen Wein übrig. Einer der Alten nahm ein kleines Gefäß nebst einem Becher, brachte es dem Abbas Sisoes, gab es ihm, und er trank. So auch ein zweites Mal, und er trank. Auch einen dritten Becher reichte er ihm, den aber nahm er nicht, sondern sagte: „Hör auf, Bruder, oder weißt du nicht, daß das der Satan ist?"

Weisung der Väter, S. 269

Eph 5,15–21

Das Gewissen eines Sünders ist gleich einer Uhr, träge, unbeweglich und ruhig, wenn die Gewichte abgelaufen sind; aber wenn aufgezogen, ist es in voller Bewegung.

Milton / Spurgeon, Nr. 18

Hebr 10,19–25

Wir nennen Frieden, was doch nur Lethargie vor dem Tode ist, und ich fürchte, wir erwachen nur zu unserm Ende.

Johann Gottfried Seume (1763–1810), Schriftsteller.
In: Apokryphen

Mt 10,34

Lang ist der Weg durch Lehren, kurz und wirksam der durch Beispiele.

Seneca (um 55 v. Chr. – um 40 n. Chr.), römischer Schriftsteller.
In: Epistulae morales ad Lucilium. 6. Brief.

1. Kor 1,1

Beispiel nützt zehnmal mehr als Vorschrift.

Charles James Fox (1749–1806), englischer Staatsmann

2. Kor 9,2

Karfreitag / Karsamstag

Das Kreuz zu Golgatha kann dich nicht von dem Bösen,
Wo es nicht auch in dir wird aufgericht't, erlösen.

Angelus Silesius (I, 62)

1. Kor 1,18

Karfreitag: „Jetzt ist es Zeit: Gott zu trösten!"

Heinrich Böll (1917–1985), Schriftsteller

Ps 109,21

Gibt es einen Pfad zum Himmel,
so führt er durch die Hölle,
jedenfalls für mich.

Christian Dietrich Grabbe (1801–1836), Schriftsteller.
In: Don Juan und Faust

Mt 7,13–16a

Wer das Alte ganz wegwirft – wird das Neue nicht lange behalten.

China

Ich habe nichts gegen das Sterben.
Ich will nur nicht dabeisein,
wenn es passiert.

Woody Allen (geboren 1935), amerikanischer Filmregisseur und Schriftsteller.
In: Der jüdische Kalender, Augsburg 1994

1. Mose 3,3

Es lohnt sich, etwas Schweres auf sich zu nehmen, wenn man es dadurch einem Menschen leichter machen kann.

Stefan Zweig (1881–1942), österreichischer Schriftsteller

Gal 6,2

Unsere Generation hat gelernt zu ertragen, vor allem, was anderen zustößt.

Markus M. Ronner

Gal 6,2

Die Liebe Gottes schlägt immer eine Brücke über einen Abgrund.

Karl Barth (1886–1968), Theologe.
In: KD II, 1, S. 312

Röm 5,5

Dem Revolutionär Jesus zum Geburtstag

Zweitausend Jahre sind es fast,
seit du die Welt verlassen hast,
du Opferlamm des Lebens!
Du gabst den Armen ihren Gott.
Du littest durch der Reichen Spott.
Du tatest es vergebens!

Du sahst Gewalt und Polizei.
Du wolltest alle Menschen frei
und Frieden auf der Erde.
Du wußtest, wie das Elend tut
und wolltest alle Menschen gut,
damit es schöner werde!

Du warst ein Revolutionär
und machtest dir das Leben schwer
mit Schiebern und Gelehrten.
Du hast die Freiheit stets beschützt
und doch den Menschen nichts genützt.
Du kamst an die Verkehrten!

Du kämpftest tapfer gegen sie
und gegen Staat und Industrie
und die gesamte Meute.
Bis man an dir, weil nichts verfing,
Justizmord, kurzerhand, beging.
Es war genau wie heute.

Die Menschen wurden nicht gescheit.
Am wenigsten die Christenheit,
trotz allem Händehalten.

Du hattest sie vergeblich lieb.
Du starbst umsonst. Und alles blieb
beim Alten.

Erich Kästner (1899–1974), Schriftsteller.
In: Gesammelte Schriften für Erwachsene. Band 1: Gedichte, Atrium-Verlag, Zürich 1969,

Mk 16,15

Der Mensch bringt täglich sein Haar in Ordnung,
warum nicht auch sein Herz?

Altindische Weisheit

Ps 1

In der begehrtesten Wohngegend am Rande einer mittleren Großstadt steht ein prächtiges Haus. Die Besitzer hatten, wie jedes Jahr im Sommer, alle Türen verschlossen und waren für ein paar Wochen in Urlaub gefahren. In einer Nacht „arbeitete" dort ein Einbrecher. Er wußte überall genau Bescheid. Dieser Einbrecher war niemand anderes als der Sohn des Hauses. Er war sozusagen das schwarze Schaf der Familie.

Gegen sein Elternhaus aufgehetzt, ließ er sich schließlich zu dem Einbruch hinreißen. Nachdem er den Schreibtisch des Vaters aufgebrochen hatte, fand er einen großen Briefumschlag. Er erkannte die Handschrift seines Vaters und las: „Abschrift des Testaments." Das Datum ließ erkennen, daß das Testament erst wenige Wochen nach der letzten Auseinandersetzung mit dem Vater aufgesetzt worden war. Und er las weiter: „Mein

Sohn Klaus soll sein Kindesanteil unverkürzt erhalten. Ich will, daß seine Brüder und Schwestern ihn wieder aufnehmen, sollte er einst zurückkehren von seinen Verirrungen. Sie sollen ihm sagen, daß ich ihn lieb gehabt habe bis zu meiner letzten Stunde.“

Der Sohn konnte nicht weitermachen. Niedergeschmettert starrte er auf das Testament. Wie ein Blitzstrahl ging es ihm durch, daß er doch ein erbärmlicher Schurke sei und daß er solche Liebe gar nicht verdient habe.

Ein paar Tage später kam es zur Aussprache mit dem Vater, zur Versöhnung.

Nach Wilhelm Fröhlich

Lk 15,1–3.11b–32

Alle Menschen müssen sterben.
(...de homine enim dicitur, cui necesse est mori.)

Cicero (106–43 v. Chr.), römischer Redner, Politiker und Schriftsteller.
In: De fato 9,17

Uns allen blüht der Tod.

Volksmund

Ps 90,3

Je mehr ich von ihm lese, desto weniger wundere ich mich, daß sie ihn vergiftet haben.

Thomas Babington Macaulay (1800–1859), englischer Historiker, über den griechischen Philosophen Sokrates

In den Gedanken und Gesprächen des Konfuzius steht: „Tse-Kung fragte und sprach: ‚Gibt es ein einziges Wort, nach dem man sein ganzes Leben lang handeln könnte?‘ Der Meister sprach: ‚Ist Gerechtigkeit nicht ein solches Wort?‘ “

Konfuzius (551–479 v.Chr.), chinesischer Philosoph

Mt 5,2–10(11–12)

„Ei was, du Rotkopf“, sagte der Esel, „zieh lieber mit uns fort, wir gehen nach Bremen, etwas Besseres als den Tod findest du überall…

Die Bremer Stadtmusikanten nach Gebrüder Grimm

Nicht die Liebe, die du dem Paulus erzeigtest,
nicht die Barmherzigkeit, die du dem Petrus gewährtest,
nur die Gnade, die du dem Schächer verliehen,
die nur begehr ich.

Lateinische Grabinschrift des Nikolaus Kopernikus (1473–1543), Astronom und Mathematiker (in Frauenburg, auf deutsch)

Lk 18,13

Als einer der schlimmen Terrorakte des 20. Jahrhunderts ist die Nacht zum 14. November 1940 in die Geschichte eingegangen. Deutsche Bomber griffen die englische Stadt Coventry an und zerstörten sie zu einem großen Teil, auch die gotische Kathedrale aus dem 14. Jahrhundert, von der nur ein Turm und Außenmauern erhalten blieben. Neben der Ruine, die als Gedenkstätte erhalten blieb, wurde 1962 eine neue Kathedrale eingeweiht. Im Ostteil der Ruine steht, zwei Tage nach dem furchtbaren Angriff aus verkohlten Balken zusammengesetzt, ein Kreuz: das Brandkreuz. An der Wand dahinter sind – in großen Buchstaben – zwei Worte enthalten: FATHER FORGIVE.

Mt 18,21–35

Osternacht / Ostersonntag / Ostermontag

Die Erinnerung ist das einzige Paradies,
woraus wir nicht vertrieben werden können.

Jean Paul (1763–1825), Schriftsteller

1. Mose 3,1–19(20–24)

Wer die Osterbotschaft gehört hat, der kann nicht mehr mit tragischem Gesicht umherlaufen und die humorlose Existenz eines Menschen führen, der keine Hoffnung hat.

Karl Barth (1886–1968), Theologe

Röm 5,1–5

Der Schmerz ist der große Lehrer der Menschen. Unter seinem Hauche entfalten sich die Seelen.

Marie von Ebner-Eschenbach (1830–1916), österreichische Schriftstellerin.
In: Aphorismen

Jes 53,1–12

Einst starb in der Sketis (Zentrum der Wüstenväter) ein Altvater. Die Brüder umstanden sein Bett, um ihm beizustehen und ihn zu beweinen. Er aber öffnete seine Augen und lachte, öffnete wieder seine Augen und lachte ein zweites Mal und tat dasselbe ein drittes Mal. Da fragten ihn die Brüder: „Sage uns, Vater, warum du lachst, während wir weinen?“ Der Altvater antwortete: „Zum ersten Mal habe ich gelacht, weil ihr alle den Tod fürchtet. Zum zweiten Mal, weil ihr nicht bereit seid. Und zum dritten Mal, weil ich von der Arbeit hingehe zur Ruhe.“

Weisung der Väter, S. 326f.

Ps 90

Es gibt Millionen von Menschen, die sich nach Unsterblichkeit sehnen – die aber nicht wissen, was sie an einem verregneten Sonntagnachmittag anfangen sollen.

Maurice Chevalier (1888–1972), französischer Chansonsänger

1. Mose 2,1–4a

Du kamst, du gingst mit leiser Spur,
Ein flücht'ger Gast im Erdenland;
Woher? wohin? Wir wissen nur:
Aus Gottes Hand in Gottes Hand.

Ludwig Uhland (1787–1862), Schriftsteller und Germanist.
In: Auf den Tod eines Kindes

Offb 21,1–7

Die tiefste Erfahrung des Menschen ist nicht der Mensch, sondern Gott.

Carl Friedrich von Weizäcker (geboren 1912), Physiker und Philosoph

Ps 92,2f.

Man sieht oft etwas hundertmal, tausendmal, ehe man zum allererstenmal wirklich sieht.

Christian Morgenstern (1871–1914), Schriftsteller

Joh 20,19–29

So wie ein gut erfüllter Tag uns sanft schlafen läßt,
so führt ein gut ausgefülltes Leben zu einem sanften Tod.

Leonardo da Vinci (1452–1519), italienischer Maler, Bildhauer, Architekt, Kunsthistoriker, Naturforscher und Ingenieur

2. Kor 6,9

Für die, welche an keine Unsterblichkeit glauben, gibt es auch keine.

Ludwig Börne (1786–1837), Schriftsteller.
In: Aphorismen

Joh 3,36

Ein Bekannter traf die Schauspielerin Adele Sandrock auf der Straße in schwarzer Kleidung und fragte nach der Ursache ihrer Trauer. „Meine Mutter ist gestorben.“ Der andere, erstaunt: „Das ist doch schon zwei Jahre her...“ Darauf die Sandrock: „Aber sie ist noch immer tot.“

Gerd Heinz-Mohr

Joh 11,1–3.17–27

Man erzählte vom Altvater Johannes Kolobos: Er zog sich zu einem thebaischen Greis in die Sketis (Zentrum der Wüstenväter) zurück und führte ein Einsiedlerleben in der Wüste. Da nahm der Abbas ein dürres Stück Holz, pflanzte es ein und sagte: „Begieße es täglich mit einem Eimer Wasser, bis es Frucht bringt.“ Sie waren so weit vom Wasser entfernt, daß er spät abends fortgehen mußte, um in der Frühe wieder zurück zu sein. Nach drei Jahren kam Leben in das Holz und es brachte Frucht.

Weisung der Väter, S. 115

Gal 5,16–18

Quasimodogeniti

Der preußische Prinz Friedrich Wilhelm IV. war als schlagfertig bekannt. Bei einem Empfang kam jemand auf ihn zu, der sich sehr schwärmerisch äußerte: „Unsere ganze Hoffnung ruht auf dem Haus Hohenzollern!" Darauf erwiderte der Prinz: „Da tun sie mir aber leid."

Quelle unbekannt

Röm 5,1–5

Ich will lieber mit Dir auf der Erde als Bettler pilgern,
als ohne Dich den Himmel besitzen.
Wo Du bist, ist der Himmel.
Wo Du nicht bist, ist die Hölle!

Thomas a Kempis (1379 o. 1380–1471), Mystiker

Ps 73,25f.

Zweifel muß nichts weiter sein als Wachsamkeit, sonst kann er gefährlich werden.

Georg Christoph Lichtenberg (1742–1799), Physiker u. Schriftsteller.
In: Sudelbücher F 447

Jak 1,6

Ich sag, es hilft dir nicht, daß Christus auferstanden,
Wo du noch liegen bleibst in Sünd und Todesbanden.

Angelus Silesius (I,63)

Joh 5,1–15

Der Mensch soll in Gott hineingehen, daß Gott ihn umgebe und sein Ort werde.

Martin Buber (1878–1965), jüdischer Religionsphilosoph.
In: Werke, 3. Band: Schriften zum Chassidismus

Ps 139,5

Der Mensch hat zwei Beine und zwei Überzeugungen: eine, wenn's ihm gutgeht, und eine, wenn's ihm schlechtgeht. Die letztere heißt Religion.

Kurt Tucholsky (1890–1935), Schriftsteller und Journalist

Ps 50,15

Der Langsamste, der sein Ziel nicht aus den Augen verliert, geht noch immer geschwinder als jener, der ohne Ziel umherirrt.

Gotthold Ephraim Lessing (1729–1781), Schriftsteller und Kritiker

Ps 39,5

Miserikordias Domini

Die Technik ist auf dem Wege, eine solche Perfektion zu erreichen, daß der Mensch ohne sich selber auskommt.

Stanislaw Jerzy Lec (1909–1966), polnischer Lyriker und Aphoristiker.
In: Unfrisierte Gedanken

1. Mose 2,18

Ein Mensch, der verwundet und durch seine Kleider, Haut und alles geschnitten ist, wird weit mehr wünschen, die Wunde im Körper geheilt zu sehen, als den Riß in seinem Kleide ausgebessert zu haben.

Milton / Spurgeon, Nr. 31

Ps 103,3

Derjenige, der ein Volk regiert, indem er ihm gute Beispiele gibt, ist wie der Polarstern, der immer an einer Stelle bleibt, während die anderen sich um ihn bewegen.

Konfuzius (551–479 v. Chr.), chinesischer Philosoph

1. Tim 2,1–6a

Du kannst nicht tiefer fallen
als nur in Gottes Hand,
die er zum Heil uns allen
barmherzig ausgespannt.

Es münden alle Pfade
durch Schicksal, Schuld und Tod
doch ein in Gottes Gnade
trotz aller unsrer Not.

Wir sind von Gott umgeben
auch hier in Raum und Zeit
und werden sein und leben
in Gott in Ewigkeit.

Arno Pötzsch (1900–1956), Pfarrer.
In: Von Gottes Zeit und Ewigkeit. Herbert Reich Verlag Hamburg, c/o Eulenhof Verlagsauslieferung

2. Kor 12,1–10

Wiederum sagte Abbas Silvanos: „Wehe dem Menschen, dessen Name größer ist als sein Werk!“

Weisheit der Väter, S. 283

1. Kor 1,26–31

Du sollst deinem Schöpfer dienen, als gäbe es auf der Welt nur einen Menschen, dich allein.

Martin Buber (1878–1865), jüdischer Religionsphilosoph.
In: Werke, 3. Band: Schriften zum Chassidismus

1. Thess 1,9

Gott, was krabbelt doch alles unter dem Namen ‚Mensch' auf diesem Erdball herum.

Theodor Fontane (1819–1898), Schriftsteller

Man muß die Menschen nehmen, wie sie sind, wir haben keine anderen.

Quelle unbekannt

Ps 8

Jubilate

Genauso wie die biblische Nächstenliebe durch unpersönliche Fairneß ersetzt wurde, hat man Gott in einen weit entfernten Generaldirektor der Universum GmbH verwandelt.

Erich Fromm (1900–1980), Psychoanalytiker und Schriftsteller. In: Die Kunst des Liebens, Manesse Verlag, Zürich 1993, Originaltitel: The Art of Loving, © 1956 by Erich Fromm, Copyright Renewed © 1984 by Annis Fromm

Himmel und Erde wurden im gleichen Augenblick erschaffen – am 23. Oktober 4004 vor Christus um neun Uhr morgens.

John Lightfoot (1828–1889), englischer Theologe, Vizepräsident der englischen Universität Cambridge kurz vor der Veröffentlichung von Charles Darwins „Die Entstehung der Arten“ (1859)

Was ist Chaos? Es ist jene Ordnung, die man bei der Erschaffung der Welt zerstört hat.

Stanislaw Jerzy Lec (1909–1966), polnischer Lyriker, Aphoristiker.
In: Unfrisierte Gedanken

1. Kor 14,33

Die Mathematik ist das Alphabet, mit dem Gott die Welt geschrieben hat.

Galileo Galilei (1691–1736), Mathematiker, Physiker und Philosoph

Gott hat den Menschen nach seinem Bilde geschaffen, aber der Mensch hat es ihm wahrlich heimgezahlt.

Voltaire (1694–1778), französischer Schriftsteller und Philosoph

Ps 8

Es gibt viele Wunder auf dieser Welt,
aber das größte ist doch der Mensch.

Sophokles (497/496–406/405 v. Chr.), griechischer Tragiker.
In: Aias

Joh 19,5

Eine Sonnenuhr mag gut und genau gesetzt sein, und doch, wenn die Sonne nicht scheint, so können wir die Tageszeit nicht bestimmen.

Milton/Spurgeon, Nr. 14

Mt 16,3

Ehrfurcht vor dem Leben ist Ergriffensein von dem unendlichen, unergründlichen, vorwärtstreibenden Willen, in dem alles Sein gegründet ist.

Albert Schweitzer (1875–1965), Theologe, Musiker und Arzt.
In: Ausgewählte Kostbarkeiten, S. 33

Und der Mensch sah an, was er gemacht hatte.
Und siehe – es war vielleicht gut gemeint.

Nach Reinhold von Hören

Nur die Liebe läßt uns ahnen, manchmal, was die Schöpfung mit uns vorgehabt haben könnte.

Rolf Hochhuth (geb. 1931), Schriftsteller.
In: Eisberg, S. 130

1. Joh 4,10–12

Ein weißer Chauvinist und Rassenkämpfer kommt zum Himmelstor und fordert Einlaß. Ein mißtrauisch-düster blickender Engel sagt ihm, hier könne er nicht eintreten. Der Neuankömmling fragt: „Warum nicht?" und erhält zur Antwort, daß Gott ihn nicht mag. Über diese Antwort ist er ziemlich erstaunt, denn sein Leben lang war er ein frommer Presbyterianer gewesen. Verblüfft fragt er zurück: „Und warum liebt mich Gott nicht?" „Weil Gott eine Negerin ist", erwidert darauf der Engel.

Aus: W. Hoffsümmer, Kurzgeschichten 2, S. 80

Im Weinen liegt eine gewisse Wonne.

Ovid (43 v. Chr. – ca. 17 n. Chr.) römischer Dichter.
In: Tristia 4, 3, 37

Ps 6, 9

Naturwissenschaft ohne Religion ist lahm,
Religion ohne Naturwissenschaft ist blind.

Albert Einstein (1879–1955), Physiker

Röm 8, 18–23

Konfirmation

Die Kinder kennen weder Vergangenheit noch Zukunft, und – was uns Erwachsenen kaum passieren kann – sie genießen die Gegenwart.

Jean de La Bruyère (1645–1696), französischer Schriftsteller

Röm 8,14–17

In dem Herzen eines Menschen kämpfen zwei Hunde: ein guter und ein böser Hund. Sie kämpfen um die Seele des Menschen, sie wollen sein Leben bestimmen. Welcher Hund wird den Kampf gewinnen? Es wird der Hund gewinnen, den du fütterst!

Eine afrikanische Erzählung

Röm 12,(4–8)9–16

In jedem Menschen ist etwas Köstliches, das in keinem andern ist. Daher soll man ihn ehren nach seinem Verborgenen, das nur er hat und keiner seiner Gefährten.

Martin Buber (1878–1965), jüdischer Religionsphilosoph.
In: Werke, 3. Band: Schriften zum Chassidismus

Röm 8,17

Der Bäcker paßt auf, wann sein Ofen heiß ist, und schiebt dann das Brot hinein.

Milton / Spurgeon, Nr. 294

Jes 50,4–9

Viel Kälte ist unter den Menschen, weil wir nicht wagen, uns so herzlich zu geben, wie wir sind.

Albert Schweitzer, (1875–1965), Theologe, Musiker und Arzt.
In: Ausgewählte Kostbarkeiten, S. 37

Ein Altvater sprach: Wer in seiner Seele die Erinnerung an Böses festhält, gleicht einem Feuer, das man unter Stroh verbirgt.

Weisung der Väter, S. 341

Mt 6,7–13

Kantate

Dort sitzt der Kantor der jüdischen Gemeinde am Fenster. Alle rätseln, was ihm fehlt. Er aber kann nur noch stammeln: Ich glaube nicht mehr an Gott, er ist mir abhanden gekommen, von gestern auf heute. Alles hat dieser Glaube durchgestanden: Krieg und KZ und Exil, und dann – fast als wär's zufällig – schlägt er die Zeitung auf und sieht den Jammer auf jeder Seite, und es ist zu Ende mit seinem Gott. Ich werde heute abend nicht singen, wenn das große, schöne Neujahrsfest beginnt, sagt der Kantor. Wie kann einer singen, wenn ihm sein Gott abhanden gekommen ist?

T. Askani: Da es aber jetzt Morgen war stand Jesus am Ufer. Predigten, S. 154

Kommt her zu mir, alle, die ihr mühselig und beladen seid; ich will euch erquicken.
(Venite ad me omnes, qui stomacho laboratis, et ego vos *restaurabo*.)

Mt 11,28. – Aus der lateinischen Fassung dieses Bibelspruchs, den Boulanger 1765 in Paris über sein Wirtshaus setzen ließ, leitet sich die Bezeichnung „Restaurant“ ab.
Aus: Reclams Zitaten-Lexikon, S. 315.

Mt 11,28

Niemand ist berechtigt, sich mir gegenüber so zu benehmen, als kenne er mich.

Robert Walser (1878–1956), Schweizer Schriftsteller.
In: Das Kind

Mt 19,13–15

Klugheit ist oft lästig wie ein Nachtlicht im Schlafzimmer.

Ludwig Börne (1786–1837), deutscher Schriftsteller.
In: Aphorismen

Mt 10,16

Nichts ist, das dich bewegt, du selber bist das Rad,
Das aus sich selbsten läuft und keine Ruhe hat.

Angelus Silesius (I,37)

Hebr 3,11

Über den Tadel sind viele erhaben; wenige über das Lob.

Carl Gustav Jochmann, Erfahrungsfrüchte III,36

Eph 5,15–21

Es gibt drei Wege zum Glauben: die Vernunft, die Gewöhnung und die Eingebung.

Blaise Pascal (1623–1662) französischer Philosoph, Mathematiker und Physiker.
In: Pensees, 226

Mt 7,13f.

Statt zu klagen, daß wir nicht alles haben,
was wir wollen,
sollten wir lieber dankbar sein,
daß wir nicht alles bekommen,
was wir verdienen.

Dieter Hildebrandt (geboren 1927), deutscher Kabarettist

Ps 95,2

Der Glaub, ohn Lieb, allein (wie ich mich wohl besinne)
Ist wie ein hohles Faß: es klingt und hat nichts drinne.

Angelus Silesius (V, 108)

1. Kor 13

In Flugzeugen gibt es während starker Turbulenzen keine Atheisten.

Robert Lembke, deutscher Journalist

Ps 25,17

Rogate

Noch niemals hatte die Menschheit soviel Angst wie heutzutage – und noch niemals hatte sie so viel Grund dazu.

Bertrand Russell (1872–1970), britischer Philosoph und Schriftsteller

Ps 22,12

Die glücklichen Sklaven sind die erbittersten Feinde der Freiheit.

Marie von Ebner-Eschenbach (1830–1916), österreichische Schriftstellerin

Gal 5,1–6

Altvater Zenon sprach: „Wer will, daß Gott schnell auf sein Gebet hört, der bete, wenn er aufsteht und die Hände zu Gott erhebt, für alle, auch für seine eigene Seele, aus ganzem Herzen auch für seine Feinde. Und wegen solch trefflicher Tat wird Gott ihn erhören, um was immer er auch bittet."

Weisung der Väter, S. 94

Ps 50,15

Menschen, die beten, sind wie Säulen, die das Dach der Welt tragen.

Martin Luther (1483–1546)

Unser Gott gibt, aber er nimmt nicht zurück.

Martin Buber (1878–1965), jüdischer Religionsphilosoph.
In: Werke, 3. Band: Schriften zum Chassidismus

Mt 7,7–11

Die Fürbitte ist der verheißungsvollste Weg zum andern.

Dietrich Bonhoeffer (1906–1945), Theologe

2. Kor 1,11

Einmal fragten die Brüder den Altvater Agathon und sprachen: „Welche Tugend verlangt im frommen Wandel die größere Anstrengung?" Er erwiderte ihnen: „Verzeiht mir, aber ich denke, es gibt keine größere Mühe als das Beten zu Gott. Überall, wo der Mensch beten will, wollen ihn die Heilsfeinde abhalten. Denn sie wissen, daß ihnen von keiner Seite her mehr Behinderung droht als vom Gebet zu Gott. Was immer für einen Wandel der Mensch sich wählt, wenn er dabei aushält, dann gewinnt er Ruhe. Das Beten aber verlangt Kampf bis zum letzten Atemzug."

Weisung der Väter, S. 42f.

Ein Mensch hat draußen nicht viel Glück
Er zieht sich in sich selbst zurück;
zu keinem Aufwand mehr verpflichtet,
doch seelisch sehr gut eingerichtet,
führt er seitdem behaglich dort
ein Innenleben mit Komfort.

Eugen Roth (1895–1976), deutscher Schriftsteller.

Ein Rabbiner durchquerte ein Dorf, ging in den Wald, und dort, am Fuß eines Baumes, immer desselben, betete er. Und Gott hörte ihn.

Auch sein Sohn durchquerte immer dasselbe Dorf. Er wußte nicht mehr, wo der Baum war, so betete er am Fuß irgendeines Baumes, und Gott hörte ihn.

Sein Enkel wußte weder, wo der Baum, noch wo der Wald war. Er ging zum Beten ins Dorf, und Gott hörte ihn.

Sein Urenkel wußte weder, wo der Baum war noch der Wald noch selbst das Dorf. Aber er kannte noch das Gebet. So betete er in seinem Haus. Und Gott hörte ihn.

Sein Ur-Urenkel kannte weder den Baum noch den Wald noch das Dorf noch die Worte des Gebets. Er kannte aber noch die Geschichte, er erzählte sie seinen Kindern. Und Gott hörte ihn.

Quelle unbekannt

Wenn Gott sich mit ihm verträgt, darf ich mich ihm verweigern?

Martin Buber (1878–1965), jüdischer Religionsphilosoph.
In: Werke, 3. Band: Schriften zum Chassidismus

1. Mose 4,1–16a

Ein Freund ist ein Mensch,
vor dem man laut denken kann.

Ralph Waldo Emerson (1803–1882), nordamerikanischer Philosoph

Phlm 17

Christi Himmelfahrt

Ruh ist das höchste Gut: und wäre Gott nicht Ruh,
Ich schlösse für ihn selbst mein Augen beide zu.

Angelus Silesius (I,49)

Ps 121,4

In Ihm sei's begonnen,
Der Monde und Sonnen
An blauen Gezelten
Des Himmels bewegt.
Du, Vater, du rate!
Lenke du und wende!
Herr, dir in die Hände
Sei Anfang und Ende,
Sei alles gelegt.

Eduard Mörike (1804–1875), Schriftsteller

Spr 16,9

Der süßeste Geruch, der Gott so sehr beliebt,
Steigt auf vom Lob, das ihm ein reines Herze gibt.

Angelus Silesius (III, 145)

1. Mose 8,18–22

Zeit ist eine Erfindung der Menschen,
Raum ist der Palast der Götter.

Max Beckmann (1884–1950), Maler, Graphiker

Ps 31,16

Einer der (Wüsten-)Väter sagte: So wie es unmöglich ist, daß einer in einem bewegten Wasser sein Gesicht betrachten kann, so kann auch die Seele, wenn sie nicht vorher von allen fremden Gedanken gereinigt wurde, gesammelt zu Gott beten.

Weisung der Väter, S. 385

Halt an, wo läufst du hin, der Himmel ist in dir:
Suchst du Gott anderswo, du fehlst ihn für und für.

Angelus Silesius (I, 82)

Ps 139

Bibelstellenregister

In diesem Register werden nur die Bibelstellen genannt, auf die zusätzlich (in Kursivdruck) verwiesen wird.

Markus

Lukas

Johannes

Offenbarung

Dienst am Wort

Die Reihe für Gottesdienst und Gemeindearbeit
Bei Subskription der Reihe etwa 10% Ermäßigung

63: Hildegard Hamdorf-Ruddies / Manfred Josuttis / Hans-Dieter Stolze (Hg.)
Zitate für die Predigt
Mit einer Einführung von Manfred Josuttis. 1993. 168 Seiten, kart.
ISBN 3-525-59327-9

„Zitate dienen dem Dialog. In geprägter Sprachgestalt werden Fragen gestellt, Denkanstöße vermittelt, Positionen artikuliert, die dem Gedächtnis verhaftet bleiben."
Manfred Josuttis

69: Michael Meyer
Die sieben Worte Jesu am Kreuz
Ausgelegt, gepredigt, weitergebetet und zum Nachklingen gebracht. 1995. 160 Seiten, kart.
ISBN 3-525-59333-3

Für jeden Sonn- und Feiertag werden acht bis zehn Zitate als Stimmen aus Vergangenheit und Gegenwart angeboten.

70: Johannes Winkel
Die Ich-bin-Worte Jesu
Texte, Kommentare, Entwürfe. 1995. 160 Seiten mit 1 Abb. und 1 Dia, kart.
ISBN 3-525-59334-1

71: Heinz-Günter Beutler-Lotz (Hg.)
Die Bußpsalmen
Meditationen, Andachten, Entwürfe. 1995. 141 Seiten, kart.
ISBN 3-525-59336-8

72: Hans Jürgen Milchner (Hg.)
Himmelfahrt – die Nähe Christi feiern
Predigten und liturgische Entwürfe. 1996. 160 Seiten mit 2 Abb., kart.
ISBN 3-525-59337-6

73: Hans Dieter Stolze
Urlaub – das Herz hat Ausgang
Anregungen für Gemeindearbeit und eigene Besinnung. 1996. 159 Seiten mit 1 Abb., kart.
ISBN 3-525-59335-X

74: Sönke Remmert
Bibeltexte in der Musik
Ein Verzeichnis ihrer Vertonungen. 1996. 231 Seiten, kart.
ISBN 3-525-59338-4

V&R
Vandenhoeck & Ruprecht